河南省高等学校人文社科重点研究基地"河南大学教育改革与发展研究中心"研究成果之一
河南省高等学校哲学社会科学创新团队支持计划"教学现代化创新团队"（2015-CXTD-03）研究成果之一

课程与教学关键词丛书

课程关键词

林德全　徐秀华　著

科学出版社

北　京

内 容 简 介

　　课程被誉为教育的心脏，是教育活动中的重要载体、联结教师与学生之间的桥梁，肩负着促进社会进步与个体发展的重任。为更好地探讨课程，普及课程知识，传播课程理念，优化课程实践，本书选择从关键词的视角切入，在对课程进行剖析的基础上撷取了课程释义、课程效能、课程设计、课程目标、课程内容、课程结构、课程类型、综合课程、选修课程、综合实践活动课程、校本课程、隐性课程、课程计划、课程标准、教材、课程实施、课程评价、课程管理、课程领导、课程改革等当前使用较多、较为常见的课程术语，通过对这些术语的梳理来呈现教学的总体概貌，以引领教学实践的变革。

　　本书既适合作为教育学专业本科生及研究生学习的参考书，也适合广大中小学教师及教研人员作为继续教育和自主学习的工具书。

图书在版编目（CIP）数据

课程关键词 / 林德全，徐秀华著．—北京：科学出版社，2016.12
（课程与教学关键词丛书）

ISBN 978-7-03-051360-1

Ⅰ.①课… Ⅱ.①林… ②徐… Ⅲ.①基础教育 - 课程改革 - 研究 Ⅳ.① G632.3

中国版本图书馆 CIP 数据核字（2016）第 322482 号

责任编辑：乔宇尚　王英峰 / 责任校对：桂伟利
责任印制：张　伟 / 封面设计：铭轩堂
编辑部电话：010-64033934
E-mail：phy-edu@mail.sciencep.com

科 学 出 版 社 出版
北京东黄城根北街 16 号
邮政编码：100717
http://www.sciencep.com

北京京华虎彩印刷有限公司 印刷
科学出版社发行　各地新华书店经销
*
2016年12月第　一　版　开本：720×1000　B5
2018年1月第二次印刷　印张：15 3/4
字数：314 000
定价：78.00元
（如有印装质量问题，我社负责调换）

前　　言

在整个教育活动中，课程与教学无疑有着非常重要的地位。一方面它们会影响教育目的的实现，另一方面它们也会反映教育生态的水平。也正因如此，人们对课程与教学给予了高度的重视。这里试举三例来说明：一是近代第一部比较系统的教育学著作《大教学论》就是以教学来命名的，并围绕教学对整个教育进行了全面的阐述。虽然今天以课程或教学作为书名分别对之进行专门探讨已经成为一种常态，但在300多年前作出这一举动无疑是重大的创举，同时也可以看作是对课程与教学重要地位的一种反映。二是课程与教学作为教育学的二级学科之一也同样证明了人们对课程与教学的重视。众所周知，教育既是一项涉及多个方面的复杂活动，也是涉及多个阶段、多种类型的复杂活动。因此，教育也是一项研究领域非常宽广的活动。但从目前的学科建制来看，教育学总共有10个二级学科，而课程与教学论即是其中之一。由此也可以看出课程与教学的重要地位。三是课程与教学分别是教育的重要载体和学校的中心工作。由于课程是联结教师与学生之间的桥梁，肩负着促进社会进步与个体发展的重任，故其一直都是教育活动中的重要载体而引人广泛关注。而教学作为课程付诸实践的基本形式，是其从理想向现实、从文本向个体转化的关键，是学校众多工作中的中心和重中之重。

对于课程与教学来说，不仅要认识到其重要性，而且还应把这种认识转化为具体的行动，通过行动来落实其重要地位。为此，人们采取了三种不同的路径：

一是课程与教学的整合。通过这一路径我们看到了课程与教学两者之间的紧密联系。课程作为教育的载体，必须通过教学或者说是课程实施才能使其载体作用得以发挥。如果没有教学这一载体，课程的价值将无从发挥，其载体作用也难以实现。需要说明的是，尽管通过整合的路径我们看到了两者的紧密联系，并力图将二者有机地整合在一起，但由于课程与教学各自的复杂性、差异性，使得整合之路并不顺畅。

二是课程与教学的二分。鉴于课程与教学的独特性，人们在对课程与教学进行把握时往往还通过二分的方式把两者分列开来，形成专门的课程研究与专门的教学研究。这一路径不但关注到课程与教学两者间的差异，而且这种分而治之的二分方式还有助于研究的深入。当然，在深入的同时也存在过分割裂的风险，极易切断两者间的有机联系。

三是课程与教学、学习的三分。由于教学既涉及教，也涉及学，所以表面看来是课程与教学两者之间的关系，实际上演变成了课程、教学与学习三者之间的关系。因此，课程与教学就不能单纯地从两方面来把握，而应从三方面来把握，形成了既契合实践、又独具特色的三分路径。

对于课程与教学到底应该如何把握，目前来看仍然存在较大的分歧而难以达成共识。相较而言，以三分的方式来进行处理也许更为合理一些。

一是对应教育基本要素的需要。尽管对于教育的要素划分各不相同，但教师、学生和教育内容三个方面无疑是其中最为重要的基本要素。三者既是教育的基本要素，也是教育研究中应着力关注的方面，各需与其对应的平台。但是，在已有的研究中，针对教师、课程两个方面的研究相对更为常见，也更为系统和深入，但对于学生，尤其是学生的学习方面的研究相对而言显得窄化和零散。一方面，对学习的研究过于集中在教育心理学上。教育心理学作为教育学与心理学之间的交叉学科，是"研究学校教与学情境中人的各种心理活动及其交互作用的运行机制和基本规律的科学"。因此，教育心理学尽管非常关注学习，但其关注的主要是学习中的各种心理活动。对于学习来说，除了心理层面上的活动外，还有其他一些层面上的活动。而这些层面则成了研究的真空地带，缺少专门的研究平台来支撑。另一方面，大量的基于经验感悟的关于学习的认识则可谓汗牛充栋，随处可见。这些研究中虽然不乏真知灼见，但由于大多是基于个人的经历体会、实践感悟，所以研究水平总体不高，而且显得不够系统深入。学生作为教育的基本要素之一，而且也是教育活动中最为能动的基本要素之一，需要在已有研究的基础上结合当前发展的实际做出更加全面、系统的把握。三分之后形成的格局将有助于这一愿景的实现。

　　二是"一分为三"思想的启迪。"一分为三"无论是在我国还是在西方的思想史上都占有极其重要的地位：我国的《道德经》中明确提出"道生一，一生二，二生三，三生万物"的论断；孔子通过对"过"与"不及"的平衡提出了"中庸"的主张；西方自亚里士多德提出"美德是一种适中"开始，一直到黑格尔等人形成了一系列的"一分为三"的主张及实践。这种"一分为三"的思想也适用于对课程与教学的把握，从三个方面来把握影响教育活动的三个基本要素。

　　三是已有研究的奠基。从三分的视角来对课程与教学进行研究也有研究基础可循。前述从教育的三个基本要素出发所进行的研究实际上就是以三分的方式来进行的。尽管由于种种原因，人们对三者无论是研究的重视程度，还是研究的深入程度都有所不同，但毕竟做出了相应的努力和尝试，打下了一定的研究基础。而且，更重要的是，除了前述散见、自发但不系统地从三个方面分别进行研究外，还有少数研究则是较为系统地从三个方面进行了整合研究。施良方先生可谓其中翘楚。由其本人或是与其他研究人员合作先后完成了《学习论：学习心理学的理论与原理》《课程理论：课程的基础、原理与问题》《教学理论：课堂教学的原理、策略与研究》，形成了较为系统的课程与教学研究的三分架构。尽管在这一架构中，对学习方面的研究仍然没能很好地摆脱教育心理学的樊篱，但毕竟开启了系统化把握三者的先河，走出了系统化三分架构的第一步。

　　本丛书在秉承已有研究的基础上，从课程、教学和学习三个方面对各自所涉及的一些关键词进行研究。这种研究不同于从逻辑建构方式来进行的体系化研究，而是从中撷取出若干个重要的术语，通过对这些术语的剖析以便人们能够尽快地、更好地抓住这些术语的要义。

林德全
2017 年 4 月

目　　录

第一章

课 程 释 义

对于课程，一方面，人们并不陌生，它是教师工作和学生学习中经常打交道的对象；但另一方面，人们又往往非常困惑，对于什么是课程、怎样来理解课程等问题而纠结不已，以至于斯考特以一种不无揶揄的语气指出："课程是一个用得最广泛的术语，也是一个定义得最差的术语。[①]"

[①]　Scotter R D V，et al. Foundatios of Education :Social Perspective. Random House. Inc.，1979：272.

第一节　课程词源分析

关于课程一词的来源，既存在一些共识性的认识，也存在新近的研究结论。而且，由于课程在中西方出现的情况各不相同，又呈现出中外有别。

一、共识结论

1. 汉语

汉语中的"课程"一词最早见于唐代。唐代的孔颖达在《五经正义》中把《诗经·小雅·巧言》中的"奕奕寝庙，君子作之"解释为"维护课程，必君子监之，乃依法制"。尽管这时"课"与"程"两个字连在一起使用，但与今天人们所说的"课程"的含义相去甚远。一直到宋代，"课程"才开始与当今的含义较为相近。朱熹在《朱子全书·论学》中的"宽着期限，紧着课程""小立课程，大作功夫"等论断中的"课程"既包括礼、乐、射、御、书、数六艺，又包括孝、悌、忠、信等封建伦理道德，还包括扫洒、应对、进退之节，正心、诚意及修己治人之道①。课程就是上述各方面的内容及其进程的安排，与现在人们在广义上对课程的理解颇为相近。

2. 英语

英语中表征"课程"一词的英语单词 curriculum 最早出现在 1859 年英国思想家斯宾塞的《什么知识最有价值》一文中。斯宾塞认为要想回答"什么知识

---

① 陈侠.课程论.北京：人民教育出版社，1989：12-13.

最有价值", "必须弄清楚各项知识的比较价值"①, 这也即"在能够制定一个合理的课程之前, 我们必须确定最需要知道些什么东西"①, 从而率先在英语世界里使用"课程"一词。

从本源来说, curriculum 一词是从拉丁语"currere"一词派生出来的。currere 意为"跑道"（race-course）。也正因如此, 在当代的课程文献中, 有的侧重于其名词形式, 把重点放在"道"上, 强调为学生设计不同的轨道, 引出了传统的课程体系; 也有的侧重于其动词形式, 把重点放在"跑"上, 强调个体对自己经验的提升, 导向了现代的课程体系。

事实上, "currere"一词在"道"与"跑"两个层面上共同揭示了其所潜藏的意蕴: ①"跑道"一般比较坚实, 从而意味着课程具有基础性, 强调课程必须既奠基于受教育者的过去, 又构成为受教育者未来服务的基础; ②"跑道"一般是相对封闭的, 从而意味着课程具有约束性, 如需要明确课程的起点与课程的终点, 以及必须在道之上等; ③"跑道"功能的实现还与多层面人员相关联, 从而意味着课程参与者的广泛性, 有课程设计者、课程实施者、课程使用者等; ④"跑道"之所以称作跑道还表明具有动态性, 从而意味着课程并非一成不变, 而是动态发展的。

二、新的发现②

关于课程一词的来源, 尽管存在着上述共识性的认识, 但随着研究的深入, 又有新的发现表明无论是在汉语还是在英语中课程一词出现的时间更早。

从汉语来看, "课程"一词最早大约出现在南北朝时期翻译的佛经中, 如"尔时有一比丘, 畜一沙弥, 恒以严敕, 教令诵经, 日日课程"。

从英语来看, "课程"一词的最早来源有两种不同的情况: 一说认为"课程"最早出现在 1633 年苏格兰格拉斯哥大学的毕业典礼证词中, 其义指受基督新教的影响而有一番改革; 一说根据英文权威词典《韦氏词典》, 认为"课程"最早出现于 1824 年, 意为"一所教育机构所提供的所有课"和"构成一个专业领域的所有课"。

由此可以看出, 无论是在汉语还是在英语中, "课程"一词最早出现的时间都有了一定程度的提前。只不过由于汉语中没有具体、明确的时间而难以进行

① 斯宾塞.教育论.胡毅, 译.北京: 人民教育出版社, 1962: 6.
② 胡乐乐, 肖川.再论课程的定义与内涵: 从词源考古到现代释义.教育学报, 2009（1）.

具体的把握，但在英语中由于有着较为明确的时间节点，可以更加清晰地看出最初来源的时间向前有了较为明显的推进。

第二节　课程的已有定义

尽管人们对于课程的词源莫衷一是，但与课程定义上的争论相较起来，可谓相形见绌。人们对课程的定义可谓人言人殊，形成了百家争鸣的态势。这里根据对各种关于课程定义本质属性的把握，把课程的已有定义概括为以下五种主要范型。

一、科目说

"科目说"把课程理解为科目，认为课程即在教育实践活动中一门门以具体形态出现并用于教学的科目。从广义层面来看，泛指学生学习的全部学科，从狭义层面来看，特指某一具体的学科。

把课程等同于所教的科目，在历史上由来已久。我国古代的礼、乐、射、御、书、数六艺，欧洲中世纪初的文法、修辞、辩证法、算术、几何、音乐、天文学七艺等都是"科目说"的突出反映。

"科目说"具有组织与实施上的便捷性：①编制便捷，根据知识的内在逻辑来进行，所需要时间、物力和人力等相对较少；②实施便捷，便于教师的教；③学习便捷，便于学生的学。

"科目说"也存在着明显的局限：①关注视阈狭隘，过分地关注知识而轻视情感、态度、价值观。②概念内涵不周延，只强调显性的、可见的科目，而忽略了难以纳入科目中的很多富有教育意义的活动；③科目自身的不全面性，试图把人类纷繁复杂的经验仅概括为有限的科目既容易导致以偏概全，也容易导致科目数量越来越多。

二、计划说

"计划说"强调为课程进行计划的必要性，认为"课程是指一定学科有目的、有计划的教学进程。这个进程有量、质方面的要求，它也泛指各级各类学校某级学生所应学习的学科总和及其进程和安排"①。

课程确实包括有计划的成分，也确实需要进行必要的计划。如果没有计划，课程的设计、开设和实施等都将陷入混乱无序的状态。而依照计划既可以避免课程活动中的无目的性，又可以避免课程活动中的无序性。

但"计划说"自身也存在着明显的局限。

1)"计划"的内涵不易把握。有的认为"计划"指的是书写出来的符号化文本；也有的把整个教学活动中以文本化呈现出来的和仅存留于教学主体心目中的而没有书写出来的东西都视为计划，并进而都理解为课程。

2)"计划"并不等于实践。虽然在教育实践中的确需要计划、存在计划，但也存在着大量"非计划"的成分。如果仅依照计划而无视实践，则容易把计划当作目的而重视计划形式。

3)"计划"主体的褊狭性。能够做出关于课程的计划的往往是一些课程设计人员及教师。他们事实上只是课程活动中的少数或部分成员，而并非全部成员。

三、经验说

"经验说"把课程定义为学习经验，对课程的关注点从教师、教材等转向学生，并且把经验作为衡量学生在此过程中所获得的发展，对学生的主动性、差异性等都给予了高度的关注。因此，"经验说"把课程定位为对学生发展的促进也许更能反映出课程的本义。

但是，"经验说"也存在着以下四个方面的两难困惑：

1）经验的个别性与共识性。由于学生个体间存在着的种种差异，导致不同的学生个体在共同的课程活动中所获得的经验有些时候会截然不同，而有些时候又没有明显差异。那么，课程到底是以学生个别性经验为主还是以学生共识性经验为主就成为摆在人们面前的一项艰难选择。

2）经验的主动性与被动性。"经验说"虽然强调个体借助于课程来获得经验，但并没有指明经验的获得究竟是主动的还是被动的。从某种层面来说，"经验说"可能更关注前者，但事实上，经验除了具有主动的一面外，还有被动的一面。因此，该如何把握被动性经验的价值与地位也是一个难以回避的问题。

3）经验的丰富性与有限性。由于人类社会生活的复杂性和科学技术的飞速发展，使学生的"经验"范畴日益丰富，但能够进入到课程领域中的经验却只

---

① 吴杰.教学论.长春：吉林教育出版社，1986：5-6.

能是其中的极少数。如何在两者之间进行选择与协调也是一个极为复杂的难题。

4）经验的投入与产出。任何经验的获得都需要一定的时间、物力和人力的投入，但是，这些投入与经验的生产之间并不具有明显的线性函数关系，如何寻求两者之间的最优拟合也是一个复杂的难题。

四、预期说

"预期说"认为课程既不应该指向活动，也不应该指向计划，而应该直接关注预期的学习结果或目标，强调首先要量身定做一套结构严谨、任务清晰的课程目标，然后围绕这些课程目标并最终促成这些课程目标的达成。

"预期说"把课程看作是实现预定目标的过程，是按照既定程序向预定目标的挺进，在客观上为课程的设计和实施提供了完整、清晰的蓝图，有利于课程的实践合理性。

当然，"预期说"也存在着一些难以克服的局限性：

1）"预期"并不等于现实，有些"预期"会成为现实，也有些"预期"会部分成为现实，还有些"预期"根本不可能成为现实。

2）容易忽略过程性自身的教育意义，"预期说"把关注的焦点仅放在了"学习结果"一端，忽略了"学习过程"所蕴藏的教育意义，甚至还会出现为追求"学习结果"而抛弃、违背过程的规律性的情形。

3）仅强调对"学习结果"的预期，只关注"学习结果"的达成与否，而忽略在此过程中其他与"学习结果"虽然没有直接关联但却同样富有教育意义的一些东西，也即"忽略非预期的学习结果"。[①]

4）过于强调对整齐划一的"学习结果"的追求，从而忽略不同学生间的个体差异。

五、教材说

"教材说"把课程的重点放在以外显或物化形态呈现的教材上，认为课程就是教材，教材就是课程。

这种理解犯了以偏概全的错误，把课程中的部分当作课程。虽然从直观层面来看，教材的确是课程的重要组成部分，但并不意味着就可以把二者等同起来，进而断定教材就是课程。从实践层面来说，课程除了包括具体物化的教材

---

① 施良方.课程理论：课程的基础、原理与问题.北京：教育科学出版社，1996：5.

层面外，还包括对教材内容进行选择及组织设计的标准、实施的计划等方面的内容。

上述各种关于课程本质的不同认识在一定程度上缘于各自分析的角度、切入的路径等方面的差异。为更好地把握各种关于课程本质的不同认识，这里以一种更加直观的方式，从具体与抽象、教师（或社会）与学生两个维度对上述各种课程本质观进行适当的"安置"。图1-1就是通过一种高度简化了的方式把各种课程本质观从两个维度进行相应安置后的呈现。

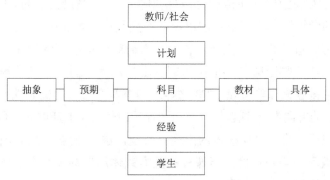

图1-1　课程本质争论的直观示意图

当然，关于课程本质的各种争论还可以从其他视角来进行分析，如定义的维度、课程的范围、课程的层次等。

第三节　课程定义的尝试

结合课程自身的内在规约及其在教育实践中的地位，这里把课程理解为根据社会需要和受教育者身心发展规律，通过一定的选择和组织方式建构的旨在使社会进步和个体发展和谐互促的经验载体。课程的这一界定表明对于课程应从载体与经验两个层面进行把握。

一、课程作为载体

从直观上来看，课程首先就是一种载体，符合载体的性质，即"承载知识或信息的物质形体"①。也正因如此，对于课程的本质属性的把握首先应从载体入手，把课程理解为载体，进而透过载体形态的演变来反映课程的发展。

1. 载体形态的演变

尽管课程是作为载体出现的，但在不同时期，由于社会发展和技术进步，其作为载体的具体表现形态又有所不同，走过了从简单到复杂、从单一到多元的发展历程。最初，课程作为载体主要表现在对口耳相传和言传身教等手段的运用上，通过人们的口耳相传和言传身教等手段来进行经验的传承。后来，伴随着专门化的学校这一教育机构的出现，特别是造纸术和印刷术的发明及传播，课程的载体形态进一步发生更迭，竹简、木简或泥板书等逐渐让位于印刷的书籍。活字印刷取代雕版印刷不但是印刷史上的革命，而且也是课程载体史上的革命。用活字排版来印刷书籍，"较之雕版印书具有无比的优越性，代表了书籍生产方法前进的方向"②。这自然也开启了课程载体形态的新纪元。尽管此后铅字排印及激光照排、电脑打印技术的出现和普及，进一步推动了排印技术的发展，提高了排印效率和美观程度，但课程的基本载体形态却没有产生质的改变，仍然延续着原来的排版、印刷原理。

目前，随着计算机及网络技术的迅猛发展，课程的载体又进入了一个新的阶段，除了原来有形的纸质形态的课程外，又出现了以电子或数字形态呈现的课程。对于这种以新的载体形态而呈现出来的课程有着多种不同的称谓：从课程方面来说，有数字化课程、网络课程、在线课程等；从教材方面来说，有电子教材、数字教材、数字教科书等。虽然这些称谓在具体的细节或包含的范畴上可能会有一定的区别，但从作为载体的基本定位而言没有本质上的不同，都是把现代飞速发展的数字技术或电子技术应用于课程，以期矫正传统的课程载体形式不足，进一步丰富课程载体形态。

2. 载体的中介表现

课程作为载体，不但具有载体的形态，而且也呈现出载体的中介特性，呈现出桥梁纽带的作用。这些作用实际上就是课程这一载体的中介表现。

概括起来，课程的中介表现主要体现在以下两个方面：

1）联系社会进步与个体发展的中介。众所周知，促进社会进步、实现个体

---

① 夏征农，陈至立.辞海（第六版彩图本）.上海：上海辞书出版社，2009：2850.
② 李致忠.中国古代书籍史话.北京：商务印书馆，1996：91.

发展是教育的两大基本功能。课程作为教育活动中的要素，既肩负着促进社会进步的重任，同时也肩负落实个体发展的责任，在促进社会进步的同时落实个体发展，在落实个体发展的同时促进社会进步。

2）联系教师和学生的中介。在教育实践中，虽然教师和学生可以通过多种途径发生关联，但课程无疑是其中最为根本的途径。在一所学校里，每一名教师与每一名学生从理论上来说相互之间都能够产生交集，结成师生关系，但由于课程及基于课程的运行使得这种可能性在事实上具有极大的偶然性，同时也大大降低了师生关系结成的可能。只有特定的承担相应课程的教师和特定的接受某门课程学习的学生才能形成真正的、日常性的师生关系。更重要的是，课程不但是师生交往发生的前提，而且是师生交往中最为根本的内容，维系着师生关系及教育活动的运行。

二、课程作为经验

在前述关于课程本质的各种争论中，虽然"经验说"因把课程本质定位为经验，强调学生学习后所获得的发展而显得更为恰当一些，但依然存在着诸多两难困惑。这也就意味着对于课程本质的把握既要基于经验，从经验这一视点出发，也要深化对经验的认识，在正确理解经验的基础上科学把握课程的本质。也正因如此，这里对课程本质的把握也不得不从经验开始。需要说明的是，这里不但把课程理解为经验，而且还根据经验的二重性和选择性进行整体性的把握。

1. 经验二重性在课程上的表现

所谓经验的二重性逻辑，是对经验所呈现出来的既相对立又相统一的两重属性的总称。具体来说，经验的二重性逻辑主要有以下三个方面。

（1）直接经验与间接经验

直接经验强调个体通过自己的亲身经历而获得的体验，间接经验则关注个体通过阅读或聆听等方式间接地获得的体验。课程究竟是以直接经验为主，还是以间接经验为主，在课程历史上存在着较大的争论。既有强调直接经验的经验课程观，又有强调间接经验的学科课程观。

事实上，直接经验与间接经验在具有对立性的同时，还具有统一性。不存在毫无间接经验的直接经验，也不存在毫无直接经验的间接经验。就人类和个体的认识发展过程而言，在早期，直接经验所占的比重较大，而间接经验所占的比重较小，而后直接经验所占的比重将越来越小，间接经验的比重则逐渐增长。

（2）主动经验与被动经验

主动经验强调个体主动性的尝试与探索所带来的经验，而被动经验则是指个体被迫承受活动所带来的经验。个体的成长既离不开主动经验，也离不开被动经验，是主动经验与被动经验的交融。

虽然现在人们越来越关注个体主动经验的价值，但并不能据此而忽视乃至摒弃被动经验所具有的教育性。对此，杜威非常明确地指出，"经验包含一个主动的因素和一个被动的因素，这两个因素以特有形式结合着，只有注意到这一点，才能了解经验的性质。在主动方面，经验就是尝试……在被动方面，经验就是承受结果"[①]。无独有偶，德国的研究者更明确地指明了负面经验的教育意义，认为一些负面经验，如困惑、震惊与失望等在教育实践中不仅不应该被忽视，而且还应加以充分利用，"负面经验不一定是有害的，它们属于经验的一部分，根据这些我们可能会犹豫但也应该乐观地建设更美好的未来"[②]。

（3）外显经验与内隐经验

外显经验是指能够通过特定的外显方式展现出来或借助一定的测量手段能够度量的具有明显外在属性的经验，而内隐经验则通常是指那些凝聚于个体身上而没有明显外在展现或无法测度的经验。外显经验为判断个体的发展状态提供直接、显明的证据，而内隐经验因内化于个体的心灵与精神的深处而更能反映个体的发展状态。

在上述三组经验范畴中，每组经验中所涉及的两种经验从性质上来看是对立的，但从功能上来看却又是互补的。这也就意味着，课程作为经验应该整合两种不同的经验，形成有机的经验整体，既不可能更不应该只关注其中的任何一种。而且，两种经验还呈现出彼此相互消长的态势，即随着一方增加的同时另一方必然会相应地减少，增加的部分与减少的部分刚好吻合。当然，双方无论如何彼此相互消长，都不会完全取代对方或者使对方彻底消失。借用我国古代发明的太极图也许能更好地把握两种经验彼此之间的交互关系（图1-2）。

---

① 约翰·杜威.民主主义与教育.2版.王承绪，译.北京：人民教育出版社，2001：153.

② 迪特里希·班纳.教育与负面性：论负面经验在教育实践、教育理论以及教师教育中的不可忽略性.徐斌艳，译.华东师范大学学报（教育科学版），2004（4）.

图1-2　课程中经验二重性太极图

2. 经验选择性在课程上的表现

课程作为经验，不但呈现出二重性，而且还具有选择性。这也即课程所包含的经验只是人类整个经验中的一部分，而不是人类经验的全部。

课程作为经验之所以具有选择性，与以下两个方面的原因密切相关：

1）人类经验的丰富性。伴随着人类社会不断前进的步伐，人类经验的总量也越来越丰富。对此，未来学家托夫勒早在 20 世纪 70 年代初就这样写道："可以毫不夸张地说，这些社会里每一个十来岁的孩子现在身边所有的新的产品比他初生时他父母所享有的要多一倍。这也就是说，今天十来岁的少年长到 30 岁左右时，总产量还会再翻一番。一个人如果活 70 岁，那么在他一生的时光中，产量就可能翻五番。由于增长是多方面的，所以此人老年之际，他周围社会的产品将是他出生时的 32 倍"[①]。事实上，人类的经验不但在不断地增长，而且这种增长还是加速度增长，以几何级数递增。

不断增长的经验客观上对课程提出了选择的要求，既不应该也不可能把所有的经验都纳入到课程当中，而是从中选择出一部分，甚至是极少一部分来对课程进行设计。

2）部分经验不断老化。虽然从总体上来看，人类经验在总量上不断增长，但同时也还有些经验在不断地老化，不断地退出经验的舞台。而且，与人类经验总量增长的速度不断加快相匹配，人类经验的老化速度也在不断地加快。"以应用科学为例：18 世纪，其老化周期为 80~90 年；近 50 年，其老化周期为 15 年，有的则缩短为 5~10 年；现在，大学毕业 5~6 年后的知识老化率，前沿学科为 50%，一般学科为 30%；技术成果的平均老化周期，20 世纪 30 年代为 25 年，

---

① 阿尔文·托夫勒.未来的冲击.孟广君，等，译.北京：新华出版社，1996：16-17.

50 年代为 15 年，70 年代为 8 年，90 年代为 3~5 年"^①。

　　因此，课程作为经验不但面对其迅猛增长需要做出选择，而且面对其老化也同样需要做出选择。需要说明的是，这两种选择虽然在具体的指向上有所不同，但毫无疑问都是强调选择出适合的经验，以期能够真正承载起社会进步与个体发展和谐互促的重任。

　　综上所述，课程从本质上来看不但是一种载体，而且还是联结社会进步和个体发展和谐互促的经精心选择后基于二重性逻辑组合的人类经验集合体。

① 杨玲.高等教育教材出版研究.北京：首都师范大学出版社，2011：108.

第二章

课 程 效 能

课程作为联结社会进步和个体发展的桥梁，肩负着推动社会进步和促进个体发展的重任。

第一节　课程效能的内涵

一、课程效能的定义

所谓课程效能，即课程在社会进步、个体发展和课程自身等方面所表现出来的有利作用的总称。这表明：

1）课程效能的范围广泛。课程效能不但表现在对社会进步方面的推动作用，而且也表现在对个体发展方面的推动作用，还表现在对课程自身方面的推动作用。

2）课程效能的有力保证。课程的广泛效能与科学、可行的课程密切相关。一般来说，课程设计活动的规范性、科学性，既保证了课程的科学，又保证了课程的可行，同时也保证了课程的广泛效能。

3）课程效能的形态多样。从指向领域来看，有社会效能、个体效能和自身效能；从指向方向来看，有内部效能与外部效能；从指向时间来看，有未来效能与现实效能；从指向状态来看，有显性效能与隐性效能等。

二、课程效能的特点

1. 高能性

与其他的载体相较起来，课程明显优于其他载体，呈现出高能性特征：课程能够在相同资源占用中产生更大的效能，或者在达到相同的效能时课程所占用的资源相对更少。

课程之所以具有高能性，与以下四个方面原因有关：

（1）**课程传承着人类文明的精华**

人类在漫长的历史长河中积累下数量浩瀚的成果，但只有极其有限的成果得以进入到课程中来。因此，这些进入到课程中的成果可谓精华中的精华。这些精华中的精华无论是对个体成长，还是对社会进步都起着重大的哺育作用，有利于个体的成长和社会的进步。

（2）**课程设计过程的科学化保证**

自从有了人类社会，就有了教育，也就有了课程的设计活动，并有了课程设计的思考和实践。特别是在现代，课程设计逐渐摆脱了过去的经验主义范式，走上了科学化、规范化的理性主义范式。这种科学、规范的课程设计有助于开发出高质量的课程，从而使之呈现出高能性。

（3）**课程实施过程的专业化保障**

与课程设计一样，课程实施也是整个课程活动的重要组成部分。课程之所以具有高能性还与课程实施过程中拥有一支数量足够、专业素养过硬的教师队伍及具有课程研究专长、专事课程研究的课程专家队伍有关。他们各有专长、术业专攻，共同致力于推动课程实施过程科学合理，为课程效能的实现提供保障。

（4）**课程显性效能中蕴藏附加效能**

如上所述，从指向状态来看，课程效能包括显性效能和隐性效能两个部分。课程效能首先表现为人们能够看得见的在个体身心变化和社会进步等方面呈现的效能，即显性效能。这也是人们较为关注的课程效能部分。此外，课程还存在人们无法看见、但能够感受得到的在个体身心方面和社会进步方面呈现的效能，即隐性效能。事实上，课程显性效能固然重要，但隐性效能更不容忽视。隐性效能虽附着于显性效能，但却影响着显性效能的实现。课程中附加的隐性效能与显性效能叠加在一起，从而使课程具有更高的效能。

2. 聚合性

课程作为经验载体，在进行内容选择和活动设计时，往往还考虑围绕某些特定目标或需要，选择虽各不相同但密切相关的内容以共同促成该目标或需要的达成。泰勒（R. W. Tyler）直截了当地指出："有许多特定的经验可用来达到同样的教育目标……可以拟定范围广泛的教育经验，所有经验都旨在达到同样的目标"①。这种旨在为达到特定目标而选择各不相同的经验实际上也即课程效能聚合性的重要表现。

另外，课程效能的聚合性还与课程设计与组织的方式有关。在进行课程设计与组织时，人们往往会按照螺旋递进的方式来进行组织，即后继的课程内容往往建立在先前已安排的课程内容的基础上，是以先前已安排的课程内容为基础，"在更高层次上处理每一后继的学习经验"，"把每一后继经验建立在前面经验基础之上，同时又对有关内容作更深入、更广泛的探讨"②。这种把课程内容聚合于某些先前已经安排的内容上的方式实际上也同样表明了课程效能的聚合性，一方面聚合了此前的经验，是对此前经验的巩固，另一方面又为后继经验的聚合留下了可能，打开了新的经验生成空间。

3. 互补性

作为经验载体的课程，其中的很多经验不但都会具有多个方面的可能效能，而且这些效能往往还能够互补。这也就使得人们在进行课程设计时往往还会注意到各种可能效能之间的关系：既要尽可能使各种可能效能最大限度地发挥出来，也要尽可能地避免各种可能效能之间相互干扰。"每一种经验都有可能引起一种以上的学习目标。从积极方面来看，这无疑是有利的，因为这样可以节省时间。一组设计良好的学习经验，是由那些可以同时有助于达到几种目标的经验组成的。从消极方面来看，这意味着：教师必须始终警惕为其他某种目标而设计的学习经验可能引起的不良结果"③。

4. 动态性

课程效能不是一成不变的，而是动态生成的。最初，课程效能主要表现为相对简单的德性效能、政治效能，后来逐渐演变为集德性效能、经济效能、政治效能、生态效能等于一体的综合形态。

另外，课程效能的动态性还表现为其某一效能自身内涵的演变。比如，虽然古代和现代的课程都有德性效能，但现代课程的德性效能无疑要远比古代课程的德性效能更为全面、深入。

---

① 泰勒. 课程与教学的基本原理. 施良方，译. 北京：人民教育出版社，1994：52.
② 泰勒. 课程与教学的基本原理. 施良方，译. 北京：人民教育出版社，1994：68.
③ 泰勒. 课程与教学的基本原理. 施良方，译. 北京：人民教育出版社，1994：53.

三、课程效能与相关范畴

1. 课程效能与课程功能

虽然课程效能与课程功能都是对课程所蕴藏的作用的表征，都强调事物的有利作用的发挥或呈现，但相较起来，课程效能比课程功能的内涵更为丰富和深刻。

1）课程功能是课程本身所固有的一种特性，是课程与他者发生关系时所产生的作用，而课程效能往往是课程功能的现实体现。因此，课程效能可以看作是课程功能的实现程度或者说是发挥程度。

2）课程功能多是由课程自身结构而呈现出来的静态的有利作用，而课程效能除了由课程自身结构呈现的静态的有利作用外，还有因课程在其系统过程中的运行而呈现出的动态的有利作用。

3）课程功能多是指课程对他者所发挥或呈现的有利作用，并不关涉对课程自身所发挥或呈现的有利作用，而课程效能除了表现出课程对他者的有利作用外，还表现出课程自身的有利作用。

因此，课程功能只是课程效能中的一个组成部分，而课程效能除课程功能的层面外，还在实际表现、作用方式和作用对象上有别于课程功能。

2. 课程效能与课程价值

虽然课程效能与课程功能都是以课程为基础，是对课程所呈现出的有利作用的把握，但两者在把握方式和作用指向上也存在着明显的区别。

从把握方式来看，课程价值是一种关系把握，多属主观判断，而课程效能是一种实现表现，多属客观呈现。因此，虽然两者都是对课程的有利作用进行把握，但各自的把握方式却并不相同：课程价值的把握取决于课程在多大程度上满足主体的需要，是基于主体的主观感受作出的主观判断；而课程效能的把握则是关注课程自身作用的现实呈现，是基于课程的直接、客观的呈现。

从作用指向来看，虽然课程价值强调的是关系属性，但就其作用指向而言，多偏向于主体这一端，强调课程对主体需要的满足程度。课程效能的作用指向除具有与课程价值相同的指向外，还多出了另一重指向，即指向课程自身的完善。对于这一点，将在课程的自身效能中作进一步的分析。

课程效能作为对课程所呈现出来的各种有利作用的表征，其与课程功能、课程价值两个方面既有密切的关联，也有明显的区别。而且，也正因如此，本书使用课程效能，而不使用课程功能或课程价值。

第二节　课程效能的框架

一、社会效能

课程的社会效能即课程对社会方面所表现出来的各种有利作用。这些有利作用主要表现在对人类经验的复制保存、传递传播和更新创造三个方面。

1.复制保存

作为经验载体的课程与人类经验密不可分。一方面，课程依赖于人类经验的持续累积；另一方面，课程有助于人类经验的不断传承。这两个方面实际上都涉及课程对人类经验的复制保存，即把人类在历史演进过程中得出的各种经验保存下来，从而使得新生一代可以充分利用前人已有的智慧总结，避免或者少走弯路。因此，课程不但是经验载体，而且是对人类经验进行复制保存的载体。

需要说明的是，在人类历史上，并非只有课程充当着对人类经验进行复制保存的载体。也就是说，在人类社会中除课程这种形式的载体外，还有其他形式的载体也充当着对人类经验进行复制保存的载体。这些载体虽然在具体的载体形式上有所不同，但在复制保存人类经验这一点上却是相同的。不过与其他的载体形式相较起来，课程这一较为特殊的载体形式往往能够发挥出更大的作用。课程之所以能够发挥出更大的作用，一方面与其具有的高能性特征有关，另一方面也与其注重对经验进行选择有关。课程在对经验进行选择时往往会从基础性、可行性及整合性等方面着手，从而能够更好地复制保存人类的经验。

从基础性方面来看，主要涉及不可或缺和举一反三两个方面。所谓不可或缺，即这些经验是人类社会生活中根本不可或缺的。如果人类不幸缺乏了该经验，不但会使其社会生活受到影响，而且会影响到人类社会自身的发展。所谓举一反三，即这些经验具有较广适用领域，可以在不同的领域里广泛使用，既可以提高经验的经济性，也能扩展经验的使用域。

从可行性方面来看，意味着在对人类社会中的经验进行选择时还必须考虑经验是否可行及可行程度。一般来说，可行性越高的经验被选中的可能性就越大，反之被选中的可能性就越小。当然，经验是否可行，既取决于经验本身，也取决于外部条件的支撑程度，取决于人们对于经验可行的认识程度及利用技术。

从整合性方面来看，主要考虑通过众多经验间逻辑关系的把握，既避免不必要的重复，更避免发生不必要的冲突。

2. 传递传播

课程的社会效能除了展现为静态的复制保存外，还展现为动态的传递传播。需要说明的是，尽管传递传播同属课程在动态层面呈现出来的社会效能，但两者各自的向度并不相同：传递基于时间向度，强调前后传承，在不同代际主体之间进行；而传播基于空间向度，关注空间扩散，在不同区际主体之间进行，在国家与国家之间或地区与地区之间进行传播。

课程的传递效能主要表现为课程把自身所复制保存的人类经验按照一定的顺序在一代又一代之间进行传承。这既是课程被关注的重要原因，也是人类文明得以传承的重要原因。对此，这里仅以我国的国学课及西方的宗教课为例来进行简要的说明。我国当前的"国学"热其实源远流长。西汉时期，董仲舒提出"罢黜百家，独尊儒术"，确立了儒家思想的正统地位，隋唐时期的科举制度只考儒家经典进一步抬升了儒家思想，并一直持续于我国整个封建社会。虽然因新文化运动中提倡白话文而有所衰落，但也曾经东山再起，如北洋军阀统治时期曾试图"尊孔复古"。特别是最近一段时期以来，我国又兴起了诵读经典，特别是儒家经典的国学热潮。西方宗教课的开设也大体上走过了一段类似的历程。在中世纪，宗教势力在逐渐掌控世俗学校的同时也控制了课程，开设出大量的宗教课。而后，科学技术借助文艺复兴运动之势渐趋昌明，宗教势力在渐趋式微的同时对课程的影响力也大幅降低。但在西方很多国家的课程体系中，仍然保留有专门的宗教课。虽然我国的国学课与西方的宗教课，不但内容不同，而且性质有别，但却都历经诸变而一直延续下来的演进历史，表明了其跨越时间间距而呈现出来的在代际之间的传递。

课程的传播效能则主要表现为课程把自身所复制保存的人类经验在不同的空间范围之间进行扩散。众所周知，世界上很多国家和地区之间的发展存在着巨大的差异。尽管导致这一差异的原因有很多，如历史传统、经济水平、政治安定等，但教育水平上的差异无疑是其中最为根本的原因。也正因如此，很多发展中国家通过一系列开设外语课、借鉴发达国家的课程等措施以期改变落后的局面。这既是发展中国家实现发展的必然选择，也是课程传播效能的表现。这里仅以外语课的开设为例来进行简要的说明。外语课的开设不但是课程传播效能的表现，而且还担负着课程传播效能的实现。虽然世界各国开设外语课的目的并不完全相同，但毫无疑问的是都看到了外语课所具有的工具价值：一方面，借助于外语可以了解该语种所蕴藏的社会经验，有利于在经验层面上的相互交流，取长补短；另一方面，借助于外语这一交往媒介，还可以了解一些国家在政治、经济和文化等方面对人类和平与发展上的独特贡献，有利于不同国家之间相互理解，相互尊重。

3. 更新创造

如果说课程的复制保存主要是对经验进行"再现"，那么更新创造则主要是对经验进行扩充。事实上，人类不但需要课程的复制保存效能，以实现对经验的再现，而且更需要课程的更新创造效能，以实现对经验的创造。

具体来说，课程的更新创造效能主要表现在以下三个层面：一是淘汰陈旧经验，不断地把那些陈旧的、过时的经验抛弃掉，为经验的更新创造腾出空间；二是深化已有经验，不断地结合时代特点和已有事实对前人所总结出来的经验进行审视，使之更加丰富完善；三是丰富已有经验，把科学研究的最新进展加入到人类的经验范畴中，扩充原有经验的边界。

二、课程的个体效能

课程不仅具有社会效能，还具有个体效能。这里根据布卢姆（B.S.Bloom）的目标分类理论把课程的个体效能划分为认知领域的个体效能、感情领域的个体效能和行为领域的个体效能三个层面。

1. 认知领域的个体效能

认知领域的个体效能实际上主要是指个体在知识方面的发展所呈现出来的效能，可划分为识记、理解、运用、分析、综合和评价等六个亚领域。其中：识记主要是对名称、事实、规则和原理等的记忆；理解是指对所学过的知识或概念的意义的把握；运用是指将所学到的规则、方法、步骤、原理、原则和概念，运用到新情境的能力；分析是指将所学到的概念或原则，分解为各个构成的部分，或找出各部分之间的相互关系；综合是指将所学到的片段概念或知识、原理、原则与事实等统合成新的整体；评价是指依据某项标准作价值判断的能力。这六个方面反映了个体效能由低到高的顺序。

2. 感情领域的个体效能

感情领域的个体效能主要表现为个体的态度、兴趣、理想、欣赏和适应方式等方面的养成所呈现出来的效能，可分为接受、反应、价值判断、价值的组织、价值的个性化五个方面。其中：接受是指对某种现象和刺激的感知。先有感知，才能产生注意，最后才选择所要注意的刺激。反应是指个体的主动的注意，亦即积极地参与反应。价值判断是指对接触到的事情、现象或行为感到有价值存在，因而表现积极的态度和重视其价值。价值的组织是指当个人以不同的程度评价许多事物的价值时，逐渐开始发展自己的价值系统。价值的个性化是指个体将价值系统内在化，成为个性的一部分，个人依照其信念行事。

3. 行为领域的个体效能

行为领域的个体效能主要表现为个体在知觉、准备状态、引导的反应、机械练习、复杂的反应和创作等六个方面所呈现出来的效能。其中：知觉主要是指对感官刺激、线索的选择、转换等方面的注意，并了解物体、性质和关系；准备状态则是为某一动作所做出的包括心理、身体和情绪三个方面的准备；引导的反应是指在别人的指导下所表现出的明显动作，包括模仿和尝试错误；机械练习是指反复练习所学的动作，实现由熟练到习惯的养成；复杂的反应是指个人能够表现复杂的动作和行为；创作是指创作出新的行为方式及动作。

三、课程的自身效能

课程的自身效能主要表现为课程对自身的完善和发展所起的促进作用。课程除了具有社会进步和个体发展两个方面的效能外，还为其自身建设提供了借鉴与启示意义，从而不断地为后继的课程提供前车之鉴，呈现为自身建设方面的效能。

对于课程的自身效能，虽然没有直接的探讨，但还是有些研究已经间接地涉及了这一点。如王策三先生在《教学论稿》中认为课程的历史传统、教学论，特别是课程论的观点、课程自身的相对独立性规律影响课程发展的内部因素[1]；靳玉乐教授在其《现代课程论》中也认为课程的历史传统、课程论思想或观点、

---

① 王策三. 教学论稿. 北京：人民教育出版社，1985：203-206.

课程发展自身相对独立的规律三个方面是影响课程发展的内部要素①。这些研究实际上已经触及到了课程的自身效能，也暗示人们必须关注课程的自身效能。

事实上，除了上述的间接探讨外，还有课程实践运行中呈现出来的"钟摆"现象也同样说明了课程的自身效能。所谓课程的钟摆现象，即由于各个方面的原因导致课程在实践中不断地摆回到其原来的情形。需要说明的是，这种摆回到原来的情形只是一种表面表象，其实已经摆回去后的情形与原来情形的已经全然不同。这也即课程的钟摆现象并不只是简单地摆回去。虽然从形式上来看，课程是摆了回去，但从实质上来看，摆回去的课程已经发生了实际的变化，是对课程自身进行的救弊补偏，是课程自身效能的显现。

课程的自身效能主要表现为以下两个方面：

1）改善课程实践。已有的课程不但能够作为载体支撑当时的教育实践活动，而且还能够作为后继课程改进的依据，为后继课程提供参照点，供其借鉴和吸收。事实上，很多后继课程都与已有的课程有着千丝万缕的联系：有的是对已有课程中的一些优势进行吸纳，有的是对已有课程中的一些局限进行完善。无论是吸纳，还是完善，都会改变原来的课程，改善课程实践。

2）完善课程理论。课程自身效能不但表现为对后继课程的影响，有助于课程实践的改善，而且还有助于课程理论的完善。这是因为任何原有课程的改变，都需要有相应的理论思考，也都会产生相应的理论成果。因此，改善课程实践，既是课程理论运思的结果，也是课程理论生成的过程。在此过程中会形成一些新的、与课程实践改善相对应的课程理论，进而丰富和充实课程的理论体系。

---

① 靳玉乐.现代课程论.重庆：西南师范大学出版社，1995：133-134.

第三章

课 程 设 计

　　课程作为经验载体，是对众多选择出来的经验进行组织的产物。课程设计就是对课程这一经验载体进行组织的制度安排与技术路径。

第一节　课程设计的内涵

一、课程设计的概念

所谓课程设计，是课程设计主体以既有的理论或通过专门研究建构的理论为基础，采用一定的实践模式，使用一些具体的方法或技术，有计划、有组织、系统地对课程目标、课程内容、课程实施和课程评价等课程领域内的要素作出某种安排或不同程度的变革，从而为学校教育提供实现教育目标所需要的课程产品[①]。这表明：

1）课程设计既是设计的结果，又是设计的过程。从结果方面来看，课程设计是为学校教育提供实现教育目标所需要的形态不一的课程产品；从过程方面来看，课程设计是使用一些具体的方法或技术，有计划、有组织、系统地对课程做出安排的活动。

2）课程设计既是理论的，也是实践的。任何活动都需要相应的理论支撑，并表现出一定的理论性。课程设计也同样要有理论的支撑，并形成相应的课程理论体系。而且，课程设计理论还需要付诸实践，需要通过实践来运行课程设计理论。

3）课程设计是由专门的课程设计人员来承担的活动。参与课程设计的人员具有多元性和复杂性。不同国家或地区，参与课程设计的具体人员各不相同。从参与者的身份或角色来看，参与课程设计的人员主要有各级教育管理者、课

[①]　靳玉乐.课程论.北京：人民教育出版社，2012：138.

程或教育专家、学科专家、教师及课程的其他利益相关者五大类[1]。

二、课程设计的特点

1. 系统性

课程设计的系统性涉及课程和设计两个层面：从课程层面来看，课程设计的系统性主要表现为课程目标的系统性和课程内容的系统性。前者表现为课程目标必须全面、有机地融合为一体，而不能顾此失彼；后者表现为课程内容必须相互配合，而不能互相矛盾。从设计层面来看，课程设计的系统性主要表现为设计人员的系统性和设计方法的系统性。前者表现为课程设计人员的多重参与性，而非少数人或少数专业人士的参与；后者表现为在进行课程设计时必须把所有的方法都有机地结合起来，共同作用于课程设计。

2. 过程性

课程设计不是一蹴而就的事情，而是需要持续一定时间段的过程。从课程设计的历史来看，有些课程设计的持续时间相当长，多达几年甚至十几年的时间，也有些课程设计的持续时间相对较短。但是，无论多短，也都需要一定时间才能够完成。

课程设计也不是一劳永逸的事情，而是一个持续性、动态性过程，需要不断地对课程进行再设计，"学校课程总是处在不断被修正、改进的过程中"[2]。

3. 创造性

课程设计的创造性主要表现在生成新课程和修订旧课程两个方面。前者是指由于时代的发展、社会的进步等方面的原因，对原来的课程进行根本性的调整，呈现出全然不同于以往的课程；后者则是指原有课程已经不再能够很好地反映当前的情况，从而对之进行一定程度的调整而呈现出来的课程。因此，生成新课程是对课程进行的根本性改变，而修订旧课程则是对原有课程的局部改变。尽管两者在变化的程度上明显有别，但却都离不开创造性，既是课程设计创造性的要求，也是课程设计创造性的反映。

4. 层次性

课程设计的层次性主要体现在以下两个方面：

---

① 靳玉乐. 课程论. 北京：人民教育出版社，2012：140-141.
② 郝德永. 课程研制方法论. 北京：教育科学出版社，2000：38.

1）理想课程与现实课程。虽然任何现实的课程都是对理想课程的反映和体现，但两者间并不会完全等同，而是存在着一定的差距，具有层次上的区分。只不过不同的现实课程与理想课程在层次间的差距有所不同罢了。

2）不同层级之间的课程。既有基础教育课程、中等教育课程和高等教育课程等与教育阶段上相一致的不同层次之间的课程，又有普通教育课程和职业教育课程等与教育类别相匹配的不同层次之间的课程。而且，上述不同层次课程在内部还可以进一步细分为若干相应的层次。

第二节　课程设计模式

一、目标模式

目标模式一方面因一些研究者对课程目标的重视而得名，另一方面也因其基于行为主义心理学的理论基础，对课程目标进行翔实的分析而得名。

1. 经典的目标模式

博比特既是课程作为一个独立学科的始创者，同时也是目标模式的奠基者。1918 年博比特出版《课程论》，提出了课程设计的"活动分析法"，使课程成为一门独立的学科。1924 年，博比特在《怎样编制课程》一书中进一步提出了以目标占据支配地位的课程设计的三个步骤：①确定目标；②选择经验；③组织经验。这也就是课程设计目标模式的雏形。

后来，泰勒在博比特、查特斯、拉格等人研究的基础上，对目标模式进行了进一步的系统化和架构化。在 1949 年出版的《课程与教学的基本原理》这一被视为现代课程领域里的"圣经"的书中，泰勒提出了课程设计需要考虑的四个基本问题：①学校应该达到哪些教育目标？②提供哪些教育经验才能实现这些目标？③怎样才能有效地组织这些教育经验？④我们怎样才能确定这些目标正在得到实现？

上述四个基本问题实际上也就建构了课程设计活动的四个基本环节：确定目标、选择经验、组织经验和评价结果。泰勒通过对这四个基本问题给予的较为系统化的回答，一方面深化了目标模式早期研究者的研究，构建了目标模式的基本框架，另一方面也为泰勒本人赢得了荣耀的学术地位，被誉为"现代课程理论之父"。

由于目标模式强调课程设计活动的效率，讲究科学程序，重视评价学生的学习进展；同时又从改革的角度适应了社会要求通过学校教育预测和控制人的行为，建立社会新秩序的愿望，因而成为当代课程设计理论和实践中最有影响力的模式。当然，目标模式也存在着自身难以克服的局限性，所以在被广泛引用的同时也不断地被深化和完善，衍生出了多种变形，形成了庞大的目标模式体系"家族"。

2. 目标模式的变形

泰勒所构建的经典的目标模式虽然被认为是"概括了本世纪（指 20 世纪——引者注）上半叶课程这一研究领域中最好的思想"[①]，但实际上并非完美无瑕。因此，泰勒的后继者们不断地对之进行改造，出现了以经典的目标模式为基础的各种变形。

塔巴在目标模式上述四个环节的基础上提出了更为详细而具体的课程设计的八个步骤，即诊断需要、建立目标、选择内容、组织内容、选择学习经验、组织学习经验、评价和检查平衡与顺序，对经典的目标模式进行了具体化、操作化的解释与发展。

惠勒认为，以直线式的方式安排课程设计顺序，容易导致因缺乏反馈而难以检讨不当的步骤和对课程的重新设计。因此，他把目标模式中的课程设计环节从直线式改为圆环式，使目标模式具有了自我调节机制。

凯尔认为课程包括目标、知识、学校学习经验和评价四项要素，课程中的各个部分之间不仅不是单纯的直线式，也不是封闭的圆环式，而是一个多重交互制约的交叉循环的方式，使得目标模式获得了突破性的进展。

莱顿索通也同样看到了目标模式中关于课程设计的线性排列的缺陷，认为课程设计应该通过三个组成部分，即哲学、心理学过滤器与目标来源三个基本元素，选择、组织与评价三个基本过程和目标、活动与经验三个基本概念来进行课程设计。

奥利瓦在 20 世纪 80 年代后集目标模式及所有对目标模式修正之精华，形成了迄今为止最为系统、规范的课程设计原理。奥利瓦最初以简洁、综合化、系统化三个标准对目标模式进行了修正，形成了哲学阐述、目的阐述、目标阐述、计划设计、实施和评价六个环节。在此基础上，奥利瓦进一步扩展了课程

---

① 约翰·麦克尼尔.课程导论.施良方，等，译.沈阳：辽宁教育出版社，1990：366.

设计原理：既对课程设计标准进行了扩展，在原先提出的三条准则的基础上扩展为 11 条；又对课程设计过程图式进行了扩展，对原先提出的课程设计的各个组成部分予以具体化、细节性的描述。

相对于塔巴、惠勒、凯尔、莱顿索通等注重通过程序或环节来对目标模式进行变形，布卢姆等人则注重对目标模式中的目标成分的分解来实现对目标模式的另类改造，使得目标模式进一步操作化和现实化。为了使目标分解、实施和评价具有可行性，以布卢姆为首的一批心理学家和教育学家，研制和建构起了一种把学习目标分类的方法，按照教育的、逻辑的、心理的分类原则，把教育中应当达到的全部目标分成认知、情感和动作技能三个领域，建立起了科学的和系统的教育目标分类体系，从而对课程目标的制定、实施和实现，发挥了保障作用。

二、过程模式

过程模式是英国著名教育学者斯腾豪斯针对目标模式的局限性而提出来的。过程模式旨在克服目标模式过分强调预期行为结果的缺陷，通过详细分析学科结构，详细说明内容和选择内容，遵循程序原理来进行的课程设计模式。它超越了仅仅关注课程内在要素的局限，揭示并倾向于关注课程的内在过程的特性。

过程模式以认知发展心理学为基础，反对以行为主义心理学为基础的目标模式，并对目标模式一味地分解课程目标、不研究知识本质而仅仅预先规定行为的结果进行了批判，倡导一种立足于教育内在价值的、旨在培养学生智慧和教育与自由品质的教育观，以及注重理解与思维的知识价值观。

需要说明的是，虽然过程模式反对目标模式预设的原子化目标，但这并不意味着它对目标的绝对摒弃。过程模式也同样需要确立目标。只不过这是一种一般性的、宽泛的教育目标，而且并不构成最后的评价依据，从而与目标模式的目标具有本质的区别。另外，过程模式还是非行为性的，重在概述教育过程中可能出现的各种学习结果，并以此为依据确定课程研究的指导性原则，具体表现为所谓的"程序原则"。这种程序原则即课程研究的总要求，是作为课程研究的方法及指导思想而使教师明确教学过程中内在的价值标准及总体要求，并不指向于对课程实施的最后结果的控制。因此，过程模式的目标及程序原则主要指向于课程设计方式上的指导及课程实施过程方法及原则上的规范，而非着眼于具体内容及后果的预设及控制。

过程模式还非常关注教师在课程设计中的作用，认为教师也是课程设计的主体，教师发展是搞好课程实施的重要前提。为此，斯腾豪斯明确提出"教师即研究者"的论断来强调和促进教师专业发展。

三、实践折中模式

美国学者施瓦布敏锐地指出，人们往往一味地去寻找课程设计一般理论，而忽视回答实践中遇到的具体课程问题。为解决课程理论与课程实践之间的关系，他长期致力于课程设计模式与方向的探讨，逐步建立起了课程设计的实践折中模式。

实践折中模式，以解决课程实践的具体问题为核心，强调课程设计的目的是增强在教学情境中有效行动的能力。为此，实践折中模式并不致力于课程设计规范化程序设计，而着重解决课程探究的具体方法。因而，关于课程探究方法的思想也就构成了实践折中模式的核心内容。

实践折中模式课程探究的方法包括实践的艺术和折中的艺术两个方面。其中，实践的艺术主要有四个方面：①对行为方式的规范；②问题的发现及诊断；③可供选择方案的预先生成；④对方法性质的规范。

折中的艺术重在阐明某一种理论不能单独成为课程设计的基础，也不能直接用于课程设计方案的确定，课程理论必须在折中的基础上才构成课程实践的依据。折中的艺术有三种：①将理论观点与实际问题进行比较的艺术；②对各种理论观点剪裁、改形、重组，使其适应实际的情境及问题解决的需要；③以理论为基础，创造适应实际情境的新的解决问题的方法，形成可供选择的行动方案。

在施瓦布看来，教师、学习者、学科内容和环境是构成课堂情境中的课程的四项基本要素，也是实践的课程探究的具体内容及方法的来源，无论是实践的艺术，还是折中的艺术，都必须植根于这四个要素构成的整体性及互动性课程探究原则中。这也即在课程探究中，研究者必须亲临具体的实践现场，诊断情境，并以此为基点，在全面、综合审议各种因素的基础上，确定具体问题的解决方法及备选方案。

另外，施瓦布创用了审议这一课程探究及课程方案形成的方式。由于审议实际上贯穿于整个课程探究过程，并影响着课程探究的效果，所以，施瓦布将审议置于尤为突出的位置，要求同时探讨目的和手段两方面的问题，而且必须将二者视为是相互制约的。审议必须设法识别与目的、手段相关的事实；判断、洞察具体的实践情境；确定迫切需要解决的问题；提出可供选择的解题方案。而后，审议的重点便转向分析、评价这些备选方案，并选择出最恰切的方案，这也是审议的最主要任务和目标。而且，在具体实践中，施瓦布还提出了"集体审议"的思想，即由学科专家、教师、学生、校长、心理学家、社会学家、社会代表等人组成课程审议小组，确保其平衡性。

四、文化模式

文化模式基于课程与文化的关系，在对社会总体文化的分析中寻求一种灵活的、适应性较强的课程设计标准及方法。这是一种强调通过社会文化情境的分析，着重于进行文化选择，使课程生成于时代文化之中的课程设计模式。英国的劳顿和斯基尔贝克是文化模式的两个主要代表人物，分别侧重文化分析的不同方面。

1. 劳顿的宏观文化模式

劳顿特别关注公共基础文化，强调达成学科间的平衡，提出了一个建立在文化分析基础上的课程设计程序或步骤。这一模式有以下五个具体的步骤：①哲学层面分析。通过对人类文化共同特征的哲学分析，确定具有永久性的教育目的及知识的价值及结构。②社会学层面分析。通过对特定社会文化的分析以及对社会现实情境（包括社会性质、思想观念及技术的变化）的判断，确定教育现实的社会职责、目的及手段。③文化的选择。在对教育目的、职责及知识价值、结构的哲学与社会学分析基础上进行文化要素的选择，确定课程的文化选择背景。④心理学理论的运用。当课程的文化选择总体框架确定后，则需要运用诸如发展、学习、教学、动机等方面的心理学理论对课程予以编排、组织，并考虑理想的解题方法。⑤课程计划的形成。按顺序和阶段具体组织课程材料，安排课程进度。

2. 斯基尔贝克的微观文化模式

斯基尔贝克进而在对具体的学校情境进行微观层面分析的基础上，构建出了学校本位课程设计模式，其中心及焦点在于具体的、单个学校及其教师，并提出校本课程设计这一促进学校获得真正发展的最有效的方式。这一模式也同样由五个具体阶段构成：①分析情境。主要是指对制约学校课程的内外因素及其相互作用的分析。②确定目标。即依据对情境中各种制约课程因素的分析、诊断的结果，确定体现着意在改变某方面情境的各种决策的课程目标。③设计方案。即依据已确定的课程目标选择学习材料、设计教学活动方案，如教学顺序、结构、范围、活动方式、时间表、活动场所等。④解释与实施。对课程方案实施中可能出现的各种实际问题予以解释，并在实施中设法解决。⑤检查、评价、反馈与重建。对教育结果进行全面的检查、评价，不只局限于课程目标的达成度。评价范围具体包括学生在课堂活动中的进步情况，以及包括学生态度在内的各个方面的学习成果等，并以此作为反馈与重建的内容和依据。

五、自然模式

在沃克看来，目标模式从根本上来说缺乏有关课程工作者如何实际地设计课程的描述，而仅仅只是一种"应然"的立场。如果站到实然的立场上，就必然强调根据成功的课程设计过程的实证研究来构建模式的思路。为此，沃克提出了基于对成功的课程设计自然过程进行摹写的自然模式。

自然模式的要素主要有三个大的方面：即立场、慎思和研制。

立场包括概念、理论和目的。其中，概念是关于什么是可教的、可学的和可能的信念；理论则是关于什么是真实的信念；而目的则是关于什么是教育上希望达到的信念。此外立场也包含对良好教学、良好程序和好例子的"意象"。立场的作用在于给研制决策提供事实和逻辑基础，表达团体课程小组的共同信念，而课设计者可根据立场的意念，用以形成一系列透过慎思方式解决的特殊研制问题（或挑战）。

"慎思"是指"形成决策、设计决策点的其他途径选择，考虑不同决策点和其他途径的观点，最后便选择最可靠的其他途径"[1]。在慎思的阶段里，过程可能会变得混乱和模糊，参与课程设计的人员在这个时候会捍卫与其一致的观点，也可能提出即时冲动而生的意念。同时，课程设计者可积累慎思的结果作为先例，以便作为日后课程决策的依据，这些先例的聚集便成为沃克所称的"政策"，经过慎思过程后，课程规划阶段则集中注意把各种决策实现成为特定的课程或教材。

需要说明的是，自然模式也同样需要目标，但目标的重要性已经降低，只是其"立场"中的一个成分，而且目标本身具有弹性。因此，自然模式基本上

---

[1] 黄甫全.课程与教学论.北京：高等教育出版社，2003：165.

是一个描述性模式，并不具有指定功能。

自然模式虽然具有强烈的实践指向，有助于改善课程设计实践，但由于以摹写为追求，以慎思为核心，仍具有一定的局限性。

第三节　课程设计方法

一、主观法

主观法也称为判断法，是相对于客观的、实验的方法而言的，"设置什么学科，组织什么活动，选择什么教材，怎样组织安排等，都是由某个人或集团的意志来决定的"[①]。这种方法是古今中外长期沿用的设计课程的主要方法之一。这种方法的特点是不经过科学实验的验证和充分的可行性分析，仅仅由专家、学者根据自己的愿望来编辑课程、设计活动而具有很大的随意性。

当然，主观法只是就形式而言的，因为课程设计表面上来看是由某个人或某个社会集团决定的，但事实上，个人和集团的愿望不能脱离当时的社会背景，而只能是社会客观现实的反映。因此，课程仍然是由社会存在决定的。

再者，主观法只是从课程设计的方法而言的，就课程设计的具体内容来说，仍然是客观的。

二、活动分析法

美国课程专家博比特和查特斯等人提出的课程设计方法。

博比特认为"活动分析法"是对课程进行设计的最为科学的方法。在《怎样编制课程》一书中，博比特详细地阐述了基于活动分析法的课程设计的基本步骤[②]：①人类经验的分析。把广泛的人类经验分成一些主要的领域，如语言、卫生保健、公民、社交、娱乐、宗教等。②职业分析。把上述领域进一步分成比较具体的活动，以便一一列举需要从事哪些活动。③推导出目标。这是对进行各种具体活动所需能力的描述。博比特曾列举了人类经验的 10 个领域中的 800 多个目标。④选择目标。从所有目标中挑选出那些相关的、且能达到的目标

---

① 王策三．教学论稿．北京：人民教育出版社，1985：223.
② 约翰·麦克尼尔．课程导论．施良方，等，译．沈阳：辽宁教育出版社，1990：355-357.

用作儿童活动计划的基础和行动纲领。⑤制定详细计划。设计为实现目标而需要的各种活动、经验和机会。

由于当时人们对学校里传授不实用的内容日益不满，查特斯也同样认识到亟须用活动分析法来消除课程中的无用之物。所以，他同博比特一样把确定人类活动的基本单位作为课程设计过程的第一个步骤。但是在进行具体的活动分析路径上查特斯与博比特有了明显的分野：如果说博比特的活动分析法是把课程与社会生活采用简单的一一对应的话，那么，查特斯的活动分析法则不再是简单的一一对应，而是让课程与部分社会生活进行对应，通过考察学生在学习过程中容易出差错的地方，选择有针对性的课程内容，以便克服或纠正它们。因此，活动分析法在查特斯这里发生了重大转向，变成了错误分析或困难分析，强调课程能够真正促进学生的成长，真正地有助于其社会生活的适应。

活动分析法通过对社会生活活动进行分析以选定课程目标和课程内容，使课程材料有较强的实用性和针对性，同现实生活紧密联系，有助于学生适应生活。

三、青少年需求中心法

这种课程设计方法是由多恩、艾伯特等人提出的。由于受进步主义教育影响，他们反对成人本位的课程，主张研究儿童，了解他们的种种需求，然后再对社会需求加以考虑，从而选择和组织课程内容。因此，青少年需求中心法要求详细分析儿童的共同需要，然后以这些需求为框架来选择和组织以学生发展为中心的课程内容体系。美国进步主义教育协会所属的中等学校课程委员会，曾提出了四个有关青少年基本生活侧面的主要需求：一是个人生活，包括个人健康的需要、安全、自信的需求、满意的生活理想与建立一个可以实践的人生观的需求、各种个人的兴趣与审美满足的需求；二是个人之间的人际关系，包括在家庭生活中，能持续增进圆满关系的需求、与朋友之间能维持并增进圆满关系的需求；三是社会的公民关系，包括对于重要的社会生活，负责任、参加的需求、有被社会尊重的需求；四是经济关系，包括获得长大成人之情绪上的需求、获得职业选择指导及职业准备的需求、明智地选择并利用各种物质设施的需求、以有效的方法来解决经济上问题的需求。各门课程都应当以满足这些需求为设计原则。

四、经验法

所谓经验法，就是已有课程实践中呈现出来的各种经验、教训作为改进课程依据的课程设计方法。从某种意义上来说，经验法实际上也可以看作是前述课程自身的效能，是课程对其自身所呈现出来的有利作用。当然，对于经验法，既需要看到其固有的价值，重视其对课程设计的启示，也要认识到有些经验缺乏科学的理论依据和实验基础，避免陷入唯经验主义。新中国成立以后，经验主义的方法一度很流行，成为课程设计的主要方法，经常基于经验来删减或增加教材内容，在加深或减轻教材难度之间左右徘徊。正如有的同志所说："旧中国的小学历史、地理，时而合为社会科，时而又分开；中学的植物学、动物学，时而分开，时而又合在博物学之内，中学数学，开始分算术、代数、几何、三角，时而又改为混合数学。新中国成立后，对这些课程也时分时合。对分或合产生的教学效果，我们缺乏切实可靠的实验根据，只能依据常伦，小学重点在学好语言、算术；为了减轻负担，有利于儿童发育和为中学分科做准备，设社会常识和自然常识，也是合情合理的，也是合乎儿童心理特点的"[①]。其中，"只能依据常伦"的说法是很中肯的，也最确切地道出了经验法的特征。

五、实验法

实验法就是指在一定的理论研究和经验总结的基础上，设计出相应的课程并在部分地区、学校、班级中试行一段时间，然后对所取得各种数据进行分析处理后获得相应的结论，进而肯定或否定或修改已有课程的方法。在各种运用这种方法进行的课程设计中，影响最大、意义最为深远的当数美国开展的"八年研究"。"八年研究"一方面改善了美国的中小学课程及其实践；另一方面也改变了课程设计的理论与实践。前述课程设计中的目标模式实际上就是"八年研究"的重要理论成果。随着课程设计面临的复杂性程度及科学性要求越来越高，实验法的作用也会越来越大。

---

① 戴伯韬. 论研究学校课程的重要性. 课程·教材·教法，1981（1）.

六、生活情境中心法

这是由斯特拉梅尔和艾伯特提出来的课程设计方法，也称为问题领域法。在他们看来，生活是儿童、成人共同追求社会理想的行为。撇开儿童，并无成人社会；离开了社会，亦无单独存在的儿童。所以课程设计应研究现实社会中现实的儿童，研究他们所处的实实在在的生活情境，从中发现问题，并以这些最基本的问题领域作为选择和组织课程内容的中心。他们通过分析研究，把生活情境分为三大类十个部分，即需求个人能力成长的情境，包括健康、智力、道德选择、审美表现和鉴赏；需求社会参与成长的环境，包括人与人的关系，人与团体的关系以及团体之间的关系；要求应付环境因素和压力的能力生长的情境，包括自然环境、产业技术力量、政治经济与社会机构及其力量。这些生活情境中的基本成分便构成了课程内容的范围。这种课程设计方法兼顾了儿童与社会两个方面的需求，又协调了它们之间的关系，因而是有效的。

第四章

课 程 目 标

　　课程目标是课程的"指南针"或"方向盘"，既事关课程效能的实现，又涉及课程自身的建构。

第一节　课程目标概述

一、课程目标的内涵

1. 课程目标定义分歧成因

对于课程目标的定义，人们并没有达成共识，存在着诸多分歧。导致这些分歧出现的原因主要有以下两个方面：

（1）**课程目标重要性的吸引**

众所周知，课程目标在课程活动中有着重要作用。这些作用大体上可以概括为两个方面：①对课程设计与实施过程进行引导与调控，确保课程方向正确；②作为评价标准，确保课程实施的结果与预期目标相一致。课程目标具有如此重要的作用，不但会促使人们不断地关注、思考课程目标，而且还会吸引更多的人员参与到课程目标的讨论中来。由于各自的学识、立场等方面的不同，自然也就会使得他们对课程目标的认识有所不同，从而加剧课程目标在认识上的分歧。

（2）**各自指称的目标范畴不同**

导致人们对课程定义分歧产生的另一原因则是各自所论及目标范畴不尽一致。虽然人们都在谈论课程目标，但各自所指称的目标却不在一个层面上：有些侧重于意图层面，是理想性的课程目标；有些侧重于总体层面，是总体性的课程目标；有些基于学科层面，是特定领域的课程目标；还有些基于行为层面，是具体化的课程目标。虽然从表面上来看都是对课程目标的界定，但事实上由于各自所涉及的范畴、层次、重心等方面都不尽相同，自然也就使得课程目标定义存在分歧了。

需要说明的是，尽管人们对课程目标在理解上存在分歧，但也有共识之处：都把课程目标理解为"学生学习所要达到的结果"[①]，都把课程目标看作是课程的"指南针"和"方向盘"，认为课程目标既是选择课程内容、组织课程内容和进行课程实施的依据，也是进行课程评价的根本标准。

2. 课程目标的特点

（1）既有客观性又有主观性

课程目标的确定需要综合考虑多个方面的因素，是在对多个方面因素进行科学、准确把握的基础上制定出来的。课程目标作为对这些因素的反映，具有一定的客观必然性。另外，尽管这些影响课程目标的因素自身是客观的，但由于受人们的认识能力、主观态度方面的制约，又呈现出一定的主观性。

（2）既有系统性又有层次性

课程目标作为"学生学习所要达到的结果"，往往涵盖了个体发展的多个方面。无论是认知、感情和动作技能三大领域，还是知识与技能、过程与方法、情感、态度和价值观三个维度，都表明课程目标不只是指某一个方面，而是融多个方面于一体的系统化的目标。而且，无论是作为整个目标系统，还是课程目标系统内部，都有不同的层级，呈现出层次性。

（3）既有稳定性又有灵活性

课程目标一经制定，便会保持一段时间，具有稳定性。但这种稳定性是相对的，会随着影响课程目标制定的各种因素的变化而变化，呈现出灵活性。

二、课程目标的取向

1. 普遍性目标

普遍性目标是将一般教育宗旨或原则，直接运用于课程领域，成为课程领域一般性、规范性的课程目标。这是一种古老且长期存在的课程目标取向，上可追溯到中国的先秦，西方的古希腊、古罗马时期，并向下延伸，在近现代教育史上普遍性目标也同样广泛存在。

---

① 廖哲勋，田慧生.课程新论.北京：教育科学出版社，2003：144.

普遍性目标把可普遍运用于所有教育实践中的一般教育宗旨或原则等同于课程目标，是对课程全局的总体考虑和安排，具有普遍性、方向性、指令性特点，反映的是比较长期的教育价值取向，是任何门类的课程不可缺少的部分。

但普遍性目标往往基于经验、哲学观或伦理观、意识形态或社会政治需要而引出，往往缺乏充分的科学根据。同时，由于这类目标的内容往往比较教条、概括，常容易出现歧义和不同的理解。

2. 行为性目标

行为性目标是以显性化、精确性、具体的、可操作的行为来陈述的课程目标。这类目标指明了课程与教学过程结束后学生身上所发生的行为变化。

行为性目标克服了普遍性目标的缺陷，具有精确性、具体性、可操作性，但这类目标由于过于强调课程目标的预先计划和静态说明，存在强调控制、简单化和原子化问题，呈现出忽视学习者积极主动、动态的过程和不可预知性的事实等缺陷。

3. 生成性目标

生成性目标也被称为发展性目标或展开性目标，是在教育情境之中随着教育过程的展开而自然生成的课程目标。这类目标往往不是由外部事先规定的要达到的结果。

生成性目标倾向于把过程与结果、手段与目的有机地统一起来，让学生在教育过程中产生自己的目标，而不是教师把课程目标强加给学生。但是，生成性目标过于理想化，在实践中很难真正得到落实。

4. 表现性目标

表现性目标是指学生在从事某种活动后所得到的结果，关注在教育情境的种种际遇中每一学生个性化的创造性表现。因此，表现性目标注重为学生提供活动的领域，而对于活动的结果则相对来说是开放的。

尽管表现性目标强调学生的个性发展和创造性表现，关注学生的主体性和个性化发展，尊重学生的个性差异，但也存在诸如目标本身过于模糊、囿于特定学科等不足。

第二节 课程目标的来源

关于课程目标的来源，人们的认识也不尽一致。杜威认为来源于学生、社会和学科；塔巴认为来源于对社会的研究、对学生的研究和对教材内容的研究；泰勒认为来源于对学生的研究、对当代社会生活的研究和学科专家的建议。后来，课程目标的来源基本稳定在对学生的研究、对社会的研究、对学科的研究三个方面，所争论的焦点主要在于如何看待三个来源之间的相互关系，形成了课程目标来源的"金三角"。

一、学生

课程目标作为"学生学习所要达到的结果"，在其制定时必须首先要了解学生、考虑学生。

1. 对学生的现状进行调查研究

把不同年龄阶段学生目前共性的状况与理想的标准以及公认的常模加以比较，就能发现共性的教育上的需要。这些共性的需要就有可能进入该年龄阶段学生的课程目标。学生作为课程目标的重要来源之一，首先就需要考虑学生现实的、整体的情形。当然，这种现实的、整体的情形也会随着时间的推移和认识的深化而有所不同。

泰勒认为，对学生需要的调查包括以下六个方面：健康；直接的社会关系，包括家庭生活以及亲朋好友的关系；社会公民关系，包括在学校和社区的公民生活；消费者方面的关系；职业生活；娱乐活动。

奥利瓦把学生的需要分为六个层次和四种类型。其中：六个层次分别是人类层次、国家层次、地区层次、社区层次、学校层次和个人层次；四种类型分别是身体需要、社会心理需要、教育的需要和发展任务的需要。

2. 对学生个体差异的研究

学生身心发展的需要不但有共性，而且有差异性。这种差异性既表现在年龄阶段上，也表现在个体之间。相对于年龄阶段的差异性而言，个体间的差异性才是最为根本的，也是更为主要的。因此，对学生需要进行研究还必须关注到个体间的差异性，必须尊重学生的个性，并体现他们的个性差异。这也就意味着在确定进入课程目标的学生需要时，还需要对个体的差异予以关注。

学生的个体差异表现在很多方面，如"卫生习惯和相关知识，阅读、写作和数学方面的技能，有关社会——公民事物的知识，以及对社会机构的态度"。

泰勒认为对学生个体差异进行研究的方法或途径有：教师的观察；对学生的访谈；对家长的访谈；问卷；测验；社区所保留的记录。

3. 用动态发展的观点来看待学生的需要

随着学生身心不断发展，以及与社会的不断交往，其需要往往也会不断变化，不断生成，不断提升。因此确定进入课程目标的学生需要时，不能只用静态的方式，还必须用动态的眼光，根据学生需要的实际变化来进行。

4. 必须是学生的需要

由于对学生的研究一般是由成年人来进行的，因此，在对学生进行研究时还必须注意从学生的角度来思考其需要，不能想当然地用成年人的需要或者其他人的需要来代替学生的需要。

二、社会

由于学生不但生活于学校之中，而且也生活于社会之中。任何个体的发展总是与所处的社会生活紧密地交织在一起，既是社会生活的反映，也受社会生活的制约。因此，社会生活也是课程目标的重要来源之一。从对当代社会生活的研究中获得的课程目标，也可以更好地实现课程的社会效能，使课程为社会进步服务。

一方面，社会及其生活丰富多彩，有着广泛的目标空间；另一方面，课程目标的容量又是有限的，只能接纳部分社会生活作为课程目标。所以，对社会进行研究时面临的难题之一就是如何从丰富的社会生活中挑选出合适的内容作为课程目标。为此，人们构建了各种不同的从社会生活中挑选课程目标的技术手段：博比特采取的"活动分析法"首先把广泛的人类经验分成诸如语言、卫生保健、公民、社交、娱乐、宗教等一些主要的领域，然后再把上述领域进一步分成一系列比较具体的活动，最后根据各种具体活动所需要的能力来推导出具体的课程目标；劳顿采用的"文化分析法"认为文化分析应从寻找人类共性开始，把注意力放在诸如"社会政治系统""经济系统""交流系统"等九种文化不变量或文化子系统，然后再分析这些共同的文化特征是如何或应该如何与教育相联系，最后做出文化选择，提出课程目标。

社会作为课程目标的来源涉及两个方面：一是确保学校课程适应社会生活的需要，不能脱离所处社会的实际，造成学校课程与社会生活脱节；二是学校课程也不能只是简单地适应社会生活的需要，而应适当高于社会生活，引领未来社会生活。

三、学科

任何课程都与知识有着密切的渊源，没有知识的课程是不存在的。而学科是知识的最主要的支柱。所以，课程目标还与学科之间有着密切的联系。对于学科与课程目标之间的密切联系，既可以从知识本身的属性方面来考虑，也可以从对知识进行选择的人员，即学科专家的角度来进行。由于"大多数课程的教科书通常是由学科专家编写的，其课程目标在反映社会需求和学生需要的同时，也体现了学科专家的意见和观点"[1]，所以，这里选择学科专家这一视角来说明学科作为课程目标的来源。

由于学科专家谙熟自己的学科领域，对自己学科内的各个方面，如作为学科支撑的基本事实与概念，以及在此基础之上的基本原理、逻辑结构、发展现状及发展趋势等都能做出准确的判断，所以他们能够恰当地从学科中选择出关键性的知识，并了解哪些知识是学生可以和必须掌握的，进而提出较为切实合理的课程目标。

当然，学科专家在制定课程目标时也容易陷入过于专门化、专业化，只注重该门学科的特殊功能——把学生看作将来要从事这个领域高深研究的人，而忽略了该门学科的一般功能——对一般公民来说有何用处。这也是学科专家作为课程目标的来源，在制定课程目标时应予以注意、努力避免的方面。

第三节　课程目标的组织

课程目标的组织涉及课程目标的筛选和重组两个方面。前者是根据一定的标准，对来自于课程目标来源依据中得出来的可能的课程目标进行过滤或修正，而后者则是对过滤后的课程目标进行系统化的处理，形成有机的课程目标系统。

---

[1]　靳玉乐.课程论.北京：人民教育出版社，2012：187.

一、课程目标筛选

1. 课程目标筛选的原因

（1）课程目标总量超出学校课程能够承载的范围

无论是学生，或是社会，还是学科都会涉及诸多方面，进而产生大量的课程目标。三者叠加之后所得出的课程目标数量更是惊人，远远超出学校课程所能承受的范围。因此，必须对这些数量惊人的目标进行筛选，从中挑选出一部分作为真正的课程目标。

（2）不同来源的课程目标间可能会有矛盾或冲突

学生、社会和学科作为课程目标来源的三个方面，尽管能够保证课程目标比较全面，但这些不同来源所得出来的课程目标也极有可能存在矛盾，在目标间发生冲突。这些相互矛盾或冲突的方面不应该同时出现在课程目标体系当中。否则，将会使课程设计和课程的使用者都无所适从。

（3）有些课程目标可能会缺乏可行性

受制约于学生身心发展规律的制约或者是人类认识能力的限制，从上述三个来源得出的课程目标中还有一部分课程目标难以在教育实践中得到落实。对于这些无法落实的课程目标自然也需要剔除出去，使课程目标集中于能够实现的部分，避免课程的低效或无效。

总的来说，"为了选择少量非常重要而又互相一致的目标，我们必须对已经获得的大量庞杂的目标进行筛选，以便剔除那些不重要的和互相矛盾的目标"①。

2. 课程目标筛选的工具

课程目标筛选工具，即对课程目标来源得出的目标进行筛选的技术手段。对此，泰勒也称之为"过滤器"，并把肩负着课程目标来源所得出的可能目标进行筛选的过滤器概括为教育哲学和学习心理学两个方面。

（1）教育哲学

哲学陈述试图界定美好生活和美好社会的本质。因此，教育哲学的要务之一就是概述出人们认为对令人满意并有效的生活来说不可缺少的价值观。根据这些价值观，就可以对原先列出的教育目标进行精选。

因此，教育哲学这一工具主要是进行价值判断，看上述三个来源中哪些可

---

① [美]泰勒.课程与教学的基本原理.施良方，译.北京：人民教育出版社，1994：26.

能目标符合让人过上满意并有效的生活，并将其保留下来。

（2）学习心理学

课程目标作为学生学习后所要达到的结果，除了需要考虑上述的价值判断外，还要考虑其是否可行，做出可行性上的判断。任何目标的实现都要有一定的支撑条件。如果不具备这些条件，那么这些目标就难以落实，自然也难以发挥出目标的价值。因此，对于课程目标来源中所得出的各种可能目标还需要运用心理学，特别是学习心理学的有关理论来对经过哲学过滤器过滤后的目标进行进一步的筛选。

二、课程目标的重组

从上述三个来源得出来的课程目标只是一种可能的目标，而经过筛选后得出来的目标才是真正的课程目标。但这些目标还需要通过一定的技术手段进行转化和组织，以形成相对完整的课程目标系统。

1. 课程目标重组的要求

（1）系统化

筛选只是对来源所得到的可能的课程目标进行过滤，使一部分可能的课程目标成为现实的课程目标，并没有对课程目标做进一步的深加工。这也即筛选后的课程目标仍然只是从三个来源而得到的割裂的原子化目标。为了更好地发挥课程目标的作用，需要按照一定的标准对它们进行重构，使分散在三个来源中的关于某个方面的课程目标整合在一起，形成一个完整的、有机的目标体系。

（2）层次化

如果说整合是按照相关性来对课程目标进行组织，那么层次化则是对经过整合后的某一具体的课程目标在层次上进行划分。这种划分作为对课程目标的细化，往往会分解为若干不同的层级。这一方面是课程目标具体化的需要，需要把概括的课程目标分解为具体化的课程目标；另一方面也是课程目标实践的需要，有助于从低层次的课程目标逐渐达到高层次的课程目标，反映学习结果的累积性。

（3）连贯性

课程目标不仅要考虑其层次性，划分出不同的层次，还要考虑各个层次之间的连贯性、协调性，使不同层次的课程目标形成前后衔接、逐步递进、具有内在连贯性的序列。因此，在对课程目标进行组织时既要避免层次间跨度过大，前后难以衔接，也要避免层次间的跨度太小，难以反映差距。

2. 我国基础教育课程目标重组的实践

在当前的第八次基础教育课程改革中，我国课程目标的组织也发生了改变，用知识与技能、过程与方法、情感、态度与价值观这一新的"三维"目标架构来整合、取代了原来的课程目标架构。

（1）知识与技能

其中：知识作为人们在改造世界的实践中所获得的认识和经验的总结，主要是指学生要学习的各种学科知识，包括事实、概念、原理、规律等；技能是指通过练习而形成的顺利完成某种任务所必需的活动方式，主要包括智力技能和动作技能。

（2）过程与方法

其中：过程作为达到目标而必须经历的活动程序，是以学生认知为基础知识的知、情、意、行的培养和开发过程，是以智育为基础的德、智、体全面发展的过程，是学生的兴趣、能力、性格、气质等个性品质全面培养和发展的过程；方法作为完成任务所采用的行为或操作体系，其"基本意思是活动的手段"[1]，是人类包括学生学习在内的所有活动能够顺利进行，取得成效的关键因素。

（3）情感、态度与价值观

其中：情感是在情绪的基础上发展起来的，是人对客观现实的对象和现象的刺激所产生的心理反应，包括情绪、热情、兴趣、动机、求知欲、道德体验、美的体验等；态度作为影响个体对客体、事件或人物的行为选择的内部状态，除了学习态度和学习责任外，还包括乐观的生活态度、求实的科学态度和宽容的人生态度等；价值观作为人对价值的一般观点和根本看法，对人的行为起到定向和调节作用，直接影响和决定一个人的理想、信念、生活目标和追求方向的性质。

一方面，三个维度各有侧重：知识与技能属于结果性目标，过程与方法属于过程性目标，情感、态度与价值观属于表现性目标；另一方面，三个维度还相互促进，共同致力于课程效能的实现，通过个体效能来达成社会效能。

---

① 刘大椿.科学活动论 互补方法论.桂林：广西师范大学出版社，2002：301.

第五章

课程内容

　　课程内容作为课程中最为基本的组成要素，事关课程目标能否顺利完成，教育质量能否得到提高。

第一节　课程内容的内涵

一、课程内容的意义

课程内容作为根据课程目标有目的地从各门学科中选择出来并按照一定的体系加以编排和组织的特定的事实、观点、原理和问题以及处理它们的方式，在课程及教育活动中有着非常重要的地位。

1.课程内容是整个课程中的核心要素

作为经验载体的课程，是由诸如课程目标、课程内容、学习活动方式以及评价等要素组成的内在有机结构。课程内容就是整个课程的内在的、有机的重要组成部分，"没有课程内容的课程是不存在的"[①]。

2.课程内容往往反映出课程观性质

课程内容尽管是基于课程目标而选择出来的，受到课程目标的制约，但需要说明的是，多种内容及其组织方式都可以用来达到相同的课程目标，"有许多特定的经验可用来达到同样的教育目标"[②]。因此，虽然课程目标完全相同，但所选择出来的课程内容却极有可能是不同的。事实上，这些不同的课程内容不仅仅只是内容本身不同，而且还会带来课程的组织及实施等方面的不同，反映出课程观上的差异。

[①] 钟启泉.课程论.北京：教育科学出版社，2007：141.
[②] 泰勒.课程与教学的基本原理.施良方，译.北京：人民教育出版社，1994：52.

3. 课程内容是课程改革的重点

课程改革作为对课程现状的改变，往往会涉及很多方面，如课程目标、课程内容、课程结构、课程实施、课程管理、课程评价等。当然，不同性质、层次的课程改革涉及的方面不尽相同，有些课程改革涉及的方面会多一些，也有些课程改革涉及的方面会少一些。从历史上来看，无论课程改革涉及的方面是多还是少，课程内容往往都会包括在其中，是课程改革所要着力关注的方面。比如，我国基础教育新课程改革所确定的六项改革目标或者说改革任务中，课程内容就是其中之一，明确提出"改变课程内容过于'难、繁、偏、旧'和过于注重书本知识的现状，加强课程内容与学生生活以及现代社会和科技发展的联系，关注学生的学习兴趣和经验，精选终身学习必备的基础知识和技能"[1]。

二、课程内容与相关范畴

1. 课程内容与课程目标

作为课程中的两个重要组成部分，课程内容与课程目标之间既有密切的关联，也有明显的不同。

从关联方面来看，两者不但都是课程中的重要组成部分，而且还相互影响。一方面，课程目标决定课程内容，决定着课程内容的空间。这也即，不同的课程目标，往往会有不同的、与之匹配的课程内容。另一方面，课程内容在受到课程目标制约的同时还会落实、服务于课程目标的指引，以课程目标的落实为重任。

从区别方面来看，课程目标一般比较简约，是对学习结果所作的抽象化概括，而课程内容则往往比较丰富，是对课程目标所规定的整个经验范畴的具体化呈现。

2. 课程内容与教材

课程内容与教材之间既有密切的联系，也有一定的区别。两者的联系主要表现在以下三个方面：

1）都是基于目标而来。无论是课程内容，还是教材，都是基于目标而做出的选择。而且，从最终层面来看，两者的目标还应该是一致的，都是以致力于个体的成长和社会的进步为旨趣的。

---

① 中华人民共和国教育部.基础教育课程改革纲要（试行）.（教基〔2001〕17 号）.2001.

2）都是选择后的结果。无论是课程内容，还是教材，都是在相应的目标及技术手段下所进行的选择，是精心选择后的结果。

3）都是组织后的呈现。课程内容和教材不但是选择后的结果，而且还是在选择后以一定的准则加以编排和组织而形成的具有体系化特性的结果。

两者的区别主要表现在以下两个方面：

1）教材比课程内容更为具体。教材与课程内容的密切关系表明，从某种意义上来说，教材必定包含课程内容，是基于课程内容的育人媒体。而且，相对于课程内容来说，教材往往都是非常具体化的、侧重于某个方面的课程内容。

2）教材只是课程内容的部分。尽管教材是课程内容的载体，但并不是全部课程内容的载体。这是因为，教材"只是体现了某学科的部分课程内容，而不是全部，课程内容的某些要素如学生的学习经验在教材中是无法体现的"①。

3. 课程内容与教学内容

课程内容与教学内容同样既有联系又有区别。两者的联系主要表现为以下两个方面：

1）课程内容是教学内容的根据。这也即教学内容是基于课程内容而来的。课程内容往往以课程标准的形式加以规定，不但相对稳定，而且具有法定的地位，其权威性不容否定。因此，教学内容必须以课程内容为据，基于课程内容。

2）教学内容是课程内容的细化。虽然课程内容具有权威性、法定性，但却往往相对较为概括，需要通过具体的教学内容来加以细化、落实，并以教学内容的形式支撑起师生之间共同活动的纽带。因此，教学内容是课程内容的细化、落实。

两者的区别主要表现在以下两个方面：

1）课程内容概括而教学内容具体。通过课程内容与教学内容的联系可以看出，课程内容相对而言更为概括一些，而教学内容则更为具体一些。课程内容往往规定的是某一学科或领域在整个阶段或学段的要求，而教学内容则是非常具体的、日常的、情境化的要求。

2）课程内容与教学内容的表征不同。课程内容主要以文字形式来表征，无论是通过纯粹的文字，还是将文字转化成适当的表格，但都是以文字的形式来进行呈现，而教学内容的表征既有文字形式，用文字来进行表述，也有非文字形式，诸如活动、方法、观念、实践操作等呈现出来的内容。

---

① 靳玉乐.课程论.北京：人民教育出版社，2012：208.

第二节　课程内容的选择

一、围绕课程内容选择的各种争论

不同研究者对于课程内容选择的看法各不相同，提出了各具特色的选择要求。

1. 泰勒的十条原则

泰勒基于学生应该是学习的积极参与者出发，提出了选择学习经验，即课程内容的十条原则：

1）学生必须具有使他有机会实践目标所蕴含的那种行为的经验；

2）学习经验必须使学生由于实践目标所蕴含的那种行为而获得满足感；

3）使学生具有积极投入的动机；

4）使学生看到自己以往反应方式的不当之处，以便激励他去尝试新的反应方式；

5）学生在尝试学习新的行为时，应该得到某种指导；

6）学生应该有从事这种活动的足够的和适当的材料；

7）学生应该有时间学习和实践这种行为，直到成为他全部技能中的一部分为止；

8）学生应该有机会循序渐进地从事大量实践活动，而不只是简单重复；

9）要为每个学生制定超出他原有水平但又能达到的标准；

10）使学生在没有教师的情况下也能继续学习，即要让学生掌握判断自己成绩的手段，从而能够知道自己做得如何。

2. 巴恩斯的九个要求

巴恩斯认为课程内容的选择要遵循九个要求：

1）符合学生的能力和知识。

2）依照学校教育目标、价值，以及适当的程序原则。

3）基于先决概念和技能的分析。

4）采用逐渐增加知识的学习模式。

5）提供配合学习目标的练习活动。

6）学习活动应有变化。

7）提供讨论和写作的机会，以促进反省和吸收。

8）给予学生应付特例的机会。

9）由熟悉的情境引导至不熟悉的情境。

3. 多尔的十个问题

多尔提出以十个问题来作为课程内容选择的准则：

1）这些经验对学生有意义吗？

2）这些经验有助于满足学生的需要吗？

3）学生对这些经验会觉得有趣吗？

4）这些经验能鼓励学生进一步探讨吗？

5）这些经验看起来真实吗？

6）这些经验如何符合学生的生活性能？

7）这些学习经验的现代性如何？

8）这些经验在熟练整个学习内容上是属基本的吗？

9）这些经验能达成许多目标吗？

10）这些经验能提供既广且深的学习吗？

4. 阿姆斯特朗的五个方面 ①

阿姆斯特朗认为课程内容的选择应考虑以下五个方面：

1）合法性。

2）重要性。

3）真实性。

4）适合学生特点。

5）教师背景。

上述关于课程内容选择的不同主张既有共识性，如都认识到课程内容选择的重要性、复杂性，强调课程内容的选择应与特定的目标相关联，应与学生的实际紧密结合，必须能够转化为现实的结果，应能在实践中落实、完成等。同时，这些主张之间也有明显的差异性，既表现在使用原则、问题、要求、方面等不同术语，也表现在有些强调微观，而有些注重宏观等不同层面之间的差异。

---

① ［美］David G.Armstrong. 当代课程论. 陈晓端，主译. 北京：中国轻工业出版社，2007：166-167.

二、课程内容选择的重新思考

1.必须以课程目标为据

课程内容的选择受到多种因素的影响，但在这些影响因素中，应当以课程目标为最主要的依据。这是因为，课程目标作为课程设计其他各个阶段的先导和方向，作为对学习者的理想期望，是专家、学者、教师等经过周密的思考，认真研究了社会、学科、学生等不同方面的特点与需求的结晶。而且，更重要的是，课程目标还是经过一系列的筛选和组织程序后形成的切实可行的目标系统，是学生学习之后能够达到的结果。

2.必须适应学生特点

课程内容无论怎样进行选择，怎样进行设计，最终的目的就是使学生的潜力得到最大限度的发挥。因此，在对课程内容进行选择时，必须清醒地意识到，选择出来的课程内容是否能够为学生同化和吸收。实践已经证明，任何偏离学生特点的课程内容，无论过难或过易，都不会取得好的效果。需要说明的是，由于课程目标的来源中已经包括了学生这一方面，所以上述必须以课程目标为据已经反映了对学生特点的关注。这里之所以再次强调，主要是因为在课程目标中对于学生特点的关注往往是基于学生整体进行的，而在课程内容选择时还应在此基础上从特定学段、特定区域等方面出发考虑特定学生群体的特点。

3.必须适应社会发展需要

学生个体的发展总是与社会的发展交织在一起。这也就要求在进行课程内容选择时，不仅要考虑其与学生特点的适应情况，还要考虑其与社会发展需要相适应的情况。因此，在选择课程内容时，就必须考虑现实社会与未来社会的需求，使学生在未来的公民生活中能有所作为。而且，适应社会发展需要既是课程内容选择的要求，同时也是对社会资源的利用，有利于课程内容在实践中的落实。

4.必须注意内容的性质

课程内容自身的性质也是进行课程内容选择时必须考虑的一个重要方面。课程内容自身的性质主要有以下两个方面：

1）内容的正确性。在进行课程内容选择时，必须尽最大的可能去避免错误的事实、概念、原则、方法等的出现。另外，对课程内容进行选择时还要把一些陈旧、落后、过时的内容排除在课程内容之外。

2）内容的基础性。人类创造的经验系统非常庞杂，浩如烟海，由于课程容量等方面的限制，这些经验不可能都用来作为课程内容让学生学习。因此，不但要对这些经验进行选择，而且要在选择的过程中注意选择一些最为基础的内容，把那些学生今后的学习和生活中能够用得上的内容选择出来。当然，这里强调内容的基础性并不意味着不让学生接触科学技术的前沿。恰恰相反，在条件许可的情况下还应选择一些学科领域的前沿充实到课程内容中去。

第三节　课程内容的组织

一、课程内容组织的原则

经过精心选择的课程内容，还必须以恰当的方式进行编排和组织，以适当的方式呈现给学生，才能使学生的学习产生累积的效应，有利于教学效率的提高。

对于课程内容组织的原则，泰勒提出了连续性、顺序性和整合性三条原则。

1. 连续性

"连续性是指直线式地重申主要的课程要素"[①]。这也就意味着：如果要让学生形成或获得某项技能，就要让他们在一段时间里连续操练同样的技能，从而熟练地掌握这些技能。因此，泰勒这里所说的"连续性"实际上就是"重复性"。

2. 顺序性

顺序性与连续性有关，但又超越连续性。顺序性强调后继内容都要以前面的内容为基础，同时又对有关内容加以深入、广泛的展开。因此，顺序性强调的不是重复，而是在更高层次上处理每一后继的内容。

3. 整合性

整合性是指各种课程内容之间横向的联系。这些内容的组织应该有助于学生逐渐获得一种统一的观点，并把自己的行为与所学习的课程要素统一起来。例如，在数学课的学习中，固然要培养学生处理数量问题的技能，但更加重要的是，要考虑到在社会学科、科学、生活中如何有效地运用这些技能。培养这

---

① 泰勒.课程与教学的基本原理.施良方，译.北京：人民教育出版社，1994：67.

些技能，不是作为仅仅用于某一学科的孤立的行为，而是使它们逐渐成为学生全部能力的一部分，以便用于日常生活的各种情境中去。相应地，在形成学生社会学科中的概念时，重要的是要让学生了解如何使这些概念与其他学科领域正在进行的工作联系起来，从而使学生的看法、技能和态度逐渐统一起来。

二、课程内容组织的方式

课程内容组织的原则主要规定的是对课程内容组织的要求。在具体的课程组织中，还需要根据这些要求，采用一定的组织方式来进行。关于课程内容的组织方式，主要有以下三种既互相对立又密切相关的维度。

1. 纵向的方式与横向的方式

纵向的方式是指对经验按照一定的标准基于先后顺序来进行组织的方式。这种组织方式强调按照由简至繁的序列，遵循从已知到未知，由具体到抽象的程式来进行。这种组织方式反映出明显的按照学科进行划界的特色。

而横向的方式则与纵向的方式截然相反，强调对经验按照领域来进行划分，打破学科的界限和传统的知识体系，强调用"大观念"等作为对经验进行组织。实际上，这种组织方式关注的是经验的广度而不是深度，关注的是经验的应用而不是经验的形式。

2. 逻辑的方式与心理的方式

逻辑的方式是指根据经验本身的系统和内在的联系来对之进行组织，强调把经验的重点放在对之进行逻辑分段的顺序上，然后对之按照固有的逻辑顺序进行排列。

而心理的方式则是指按照学生心理发展的特点来组织经验，强调根据学生身心发展的特征，以及他们的兴趣、需要、经验背景等来对经验进行组织。在此过程中，学生是对课程内容进行组织的中心，是对课程内容进行组织的目的。

3. 直线的方式与螺旋的方式

直线的方式强调把经验组织成一条在逻辑上前后联系的直线，并按直线的先后的顺序来进行组织。因此，这种组织方式虽然认识到了经验之间的前后关联，但在组织的过程中却基本不重复。

螺旋的方式又称圆周式，认识到任何后继经验都有赖于先前经验提供的基础。因此，在对经验进行组织时有意识地让经验在不同的阶段上重复出现，并在范围上逐渐扩大、程度上逐渐加深。

第六章

课 程 结 构

　　课程结构作为课程在实践中运行的基本组成结构，既是各种课程类型在学校课程体系中的具体规定，也是课程从理念形态向实践形态转化的重要纽带。

第一节　课程结构概述

一、课程结构的内涵

1.课程结构的争论

关于课程结构，有两种比较有代表性的观点：一种观点认为课程结构就是课程内部各要素、各成分的内在联系和相互结合的组织形式[①]；一种观点认为课程的结构指课程各部分的组织和配合，即探讨课程各组成部分如何有机地联系在一起的问题[②]。

上述两个界定虽然在具体的表述上并不完全一样，但两者也有共同之处。这就是强调课程结构是对构成课程的各个要素或部分之间相互关联的方式所进行的探讨和把握。因此，课程结构实际上就是对具体的课程类型所做的结构性设计或安排。

作为两种比较有代表性的观点，对于课程结构的理解除了上述的共同之处外，也存在着明显的区别：前者更为周延一些，把要素和成分都包括在内；后者更为概括一些，主要关注组成部分，即成分。当然，无论周延一些，还是概括一些，都是相对而言的，都是对课程在结构层面上的设计。因此，这里就简单地把课程结构理解为对课程在类型上所作的结构性设计。

2.课程结构的特点

（1）客观性

课程结构作为对课程类型的结构性设计，尽管是由人来做出的带有一定的

---

① 廖哲勋，田慧生.课程新论.北京：教育科学出版社，2003：231.
② 施良方.课程理论：课程的基础、原理与问题.北京：教育科学出版社，1996：123.

主观认识和见解的产物，但从总体上来看，仍然是客观的，呈现出客观性：一方面，这是由课程自身的客观性决定的。课程，特别是其内部的各种要素、各方面成分来源的客观性决定了课程结构必然具有客观性；另一方面，人的主观性也还具有客观制约性。这也即尽管人具有主观能动性，但并不意味着可以完全主观臆断，而是必须遵循认识的规律、符合客观事实等。

（2）有序性

所谓有序性是描述客观事物之间和事物内部要素之间关系的范畴，指事物内部的要素和事物之间有规则的联系或转化[1]。课程结构作为对课程的结构化设计，既有这种有规则的联系和转化的需要，也有这种有规则的联系和转化的现实：从需要方面来看，课程内部的诸要素及成分之间需要通过联系和转化来形成有机的整体，实现课程效能；从现实方面来看，古今中外的课程都是以某种有序性的结构化形态呈现出来的。虽然这种有序性的结构化形态在不同国家或地区、不同历史时期会有所不同，但却都是结构化后的有序性呈现。

（3）可转换性

课程结构的可转换性特点主要表现在两个方面：一是不同课程结构之间的转换。不管什么样的课程结构，从总体上来说都是以促进个体成长和社会进步为旨趣的。因此，不同的课程结构只是在结构的设计上不同，但总体的课程效能是一致的。所以，这些不同的课程结构能够根据实际需要进行转换，呈现出可转换性。二是某种课程结构内部的转换。课程结构作为对课程的构成要素或内部成分的组织，具有系统稳定性。虽然课程结构中的构成要素或内部成分的具体组织情况会有所变化，但作为完整的课程结构来说是不变的，所变的只是其中某些构成要素或内部成分组织上的改变。这些改变实际上只是其内部结构上的转换，而非课程总体效能的改变。因此，所有这些改变尽管不同程度上改变了课程结构，但其总体效能指向却并没有发生改变。

（4）层次性

"层次性是任何系统结构都具有的共同特征"[2]。课程结构也不例外，同样具有层次性的特征。一方面，课程结构从总体上呈现出宏观、中观和微观三个层次；另一方面，上述每一层次内部还可以细分为若干亚层次，如宏观层面上的各种课程类型之间的结构、中观层面上每种课程类型内部之间的结构、微观层

① 沈小峰，王德胜.自然辩证法范畴论.北京：北京师范大学出版社，1990：147.
② 廖哲勋，田慧生.课程新论.北京：教育科学出版社，2003：231.

面上具体科目的构成要素或内部成分的结构。尽管不同课程结构的具体组织情况不同，但却都是以这种层次性的方式呈现出来的。

（5）可测量性

课程内部各构成要素或内部成分之间的结构关系往往可以用数量关系来进行说明。这种数量关系的说明表明课程结构还具有可测量性的特性。一般来说，课程结构中的数量关系涉及比例、学分及学时三个方面。其中，比例关系主要是宏观层面上反映不同课程类型之间的结构性；学分关系主要反映不同课程之间的等量转换及最终学习结果的描述；学时关系主要反映不同课程基于其重要或复杂程度而在教学时间上反映出来的统一筹划。这三者既是课程结构之间的数量化表达，也表明课程结构具有可测量性，也进一步支持了课程结构的可转换性。

二、课程结构的相关范畴

1. 课程结构与课程组织

从宽泛的层面上来看，课程结构与课程组织具有高度的相似性。一方面，两者都是围绕课程而展开的序列性、结构性活动；另一方面，两者涉及具体内容范畴高度相似。"课程组织就是在一定的教育价值观的指导下，将所选出的各种课程要素妥善地组织成课程结构，使各种课程要素在动态运行的课程结构系统中产生合力，以有效地实现课程目标"[①]。由此可以看出，无论是课程结构，还是课程组织，都是围绕课程要素或其构成成分展开的，而且都是对课程所作的结构性设计。

当然，课程结构与课程组织在具有上述高度相似性的同时，还在如下两处细微层面上存在着一定的差异：

1）两者分别处在结构性设计中的不同阶段。虽然两者都是对课程所作的结构性设计，但各自分别处于结构性设计的不同阶段上。由于课程组织主要是对课程内容的组织，而课程结构则是在课程内容组织的基础上形成结构关系，所以课程组织处于结构性设计的前端，而课程结构则处于结构性设计的后端。这也即先要有对课程进行组织，然后才会形成课程的结构。

2）两者分别以不同的状态性质呈现。相对而言，课程组织作为对课程中的各种要素或其内部成分的组织，呈现出动态的运行性，而课程结构则是课程组

---

① 黄政杰. 课程设计. 台北：台湾东华图书有限公司，1991：288.

织后的结构化呈现，是静态的结构化的结果。因此，课程组织从总体上来看是动态的，而课程结构是静态的，是在组织后的结构化呈现。

2. 课程结构与课程效能

课程结构与课程效能同样有着非常密切的关系。

一方面，课程结构决定课程效能。如前所述，作为课程所呈现出来的各种有利作用的总称，课程效能的实现是有条件的。其中条件之一就是课程效能受到课程结构的制约。这种制约主要表现在以下两个方面：

（1）课程结构中的要素成分对课程效能的制约

虽然从总体上来看，课程中的要素成分相对来说比较固定，但也并非一成不变。随着人们认识的逐渐深入，会对课程中的要素成分产生新的认识，进而修正或丰富原有关于课程的要素成分。这不但会带来课程结构的改变，而且也会带来课程效能的改变，深化原有的课程效能，或丰富课程效能的范畴。需要说明的是，除了课程结构中的要素成分对课程效能起到制约作用外，课程结构中要素成分的质量或水平也同样对课程效能起到制约作用。

（2）课程结构中的要素组织对课程效能的制约

课程结构作为对课程中的各种要素及其构成成分的结构化呈现，是从总体上而言的。事实上，在不同的课程结构中，往往会有各种不同的结构化的组织方式，甚至即使是在同一课程结构中，也往往有不止一种具体的结构化组织方式。根据系统原理，这些不同或多种的结构化组织方式或也同样会影响、制约课程效能。

另一方面，课程效能反作用于课程结构。在课程结构决定课程效能的同时，课程效能还反作用于课程结构，影响到课程结构。课程效能对课程结构的影响主要表现在以下两个方面：

（1）课程效能需要与之相适应的课程结构

与有什么样的课程结构就会有什么样的课程效能同理，有什么的课程效能往往需要有与之相适应的课程结构，需要有与之相适应的对课程组成要素或构成成分的结构化处理。否则，实际的课程效能将会大打折扣，甚至还会根本上无法实现。因此，课程效能需要有与其相匹配的课程结构，左右到课程实际的结构化呈现。

（2）课程效能是课程结构保持稳定的前提

课程效能不但需要有与之相适应的课程结构，而且由于课程效能自身的稳定性，还要求课程结构也需要保持稳定。否则，如果课程效能没有发生变化，而课程结构发生根本性的变化，根据课程结构对课程效能的制约作用，则无法保证课程效能得到落实。所以，课程效能需要有稳定的课程结构，并决定课程结构的稳定。当然，课程结构的稳定是相对的，并不意味着一成不变，而是可以做出某种改变或调整。但这种改变或调整只是课程结构内部的微调，并不是课程结构的根本性改变。

3. 课程结构与课程类型

课程结构作为对构成课程的各种要素及其内部成分的结构性表达，实际上也反映了对各种不同类型课程之间在关系上的反映。事实上有研究就是从课程类型方面来理解课程结构的，认为"课程结构是指在学校课程的设计与开发的过程中将所有课程类型或具体科目组织在一起所形成的课程体系的结构形态"[①]。由此可以看出，课程类型是课程结构的基础，课程结构就是对各种课程类型所做的结构化的设计或表达。离开了课程类型，课程结构也就失去了其根基。非但如此，课程类型还往往会影响到实际的课程结构，要求课程结构能够尽量涵盖所有的课程类型。

尽管课程结构与课程类型有着上述密切关系，但也存在一定的区别。两者的区别主要表现在以下两个方面：

1）课程结构自身的特殊性。课程结构作为对课程类型的组织，既建立在课程类型的基础上，也是对课程类型的反映。但与此同时，课程结构还有其自身的特殊性，受人们对课程结构的认识和发展的制约。所以，同样的课程类型，既有可能其课程结构是相同的，也有可能是不同的。而且，这种课程结构上的不同，既有可能是局部性的、细节上的不同，也有可能是全局性的、根本性的不同。

2）课程类型在课程结构中的反映程度不同。虽然从总体上来看，课程结构是对课程类型的反映，但各种不同的课程类型在课程结构中的反映程度并不相同：有些课程类型在课程结构中能够清晰地反映出来，也有些课程类型由于其自身的独特性却无法在课程结构中反映出来。虽然隐性课程是与显性课程相对

---

① 钟启泉，崔允漷，张华. 为了中华民族的复兴 为了每位学生的发展：《基础教育课程改革纲要（试行）》解读. 上海：华东师范大学出版社，2001：55.

的课程类型，但在课程结构中却只能反映显性课程，而不能反映隐性课程。也还有些课程类型尽管会在课程结构中有所反映，但只能反映其中的部分，而无法反映其全部。课程结构中尽管会有选修课程，但对于具体的选择情况并不能在课程结构中把所有的选修课程都呈现出来，而只能通过其他的技术指标或补充说明来实现。

第二节　课程结构的实践

一、基础教育课程结构改革

在我国第八次基础教育课程改革中，课程结构改革既是这次课程改革的重心之一，也是这次课程改革中着力关注的重要内容。具体来说，目前我国基础教育课程结构改革实践的内容主要体现在以下三个方面：

1. 确立了课程结构改革的重要地位

《基础教育课程改革纲要（试行）》中提出了基础教育课程改革要完成的六项具体的改革目标，课程结构方面的改革即是其中之一，提出"改变课程结构过于强调学科本位、科目过多和缺乏整合的现状，整体设置九年一贯的课程门类和课时比例，并设置综合课程，以适应不同地区和学生发展的需求，体现课程结构的均衡性、综合性和选择性"。

2. 制定了课程结构改革的总体框架

1）整体设置九年一贯的义务教育课程。小学阶段以综合课程为主。小学低年级开设品德与生活、语文、数学、体育、艺术（或音乐、美术）等课程；小学中高年级开设品德与社会、语文、数学、科学、外语、综合实践活动、体育、艺术（或音乐、美术）等课程。

初中阶段设置分科与综合相结合的课程，主要包括思想品德、语文、数学、外语、科学（或物理、化学、生物）、历史与社会（或历史、地理）、体育与健康、艺术（或音乐、美术）以及综合实践活动。积极倡导各地选择综合课程。学校应努力创造条件开设选修课程。在义务教育阶段的语文、艺术、美术课中要加强写字教学。

2）高中以分科课程为主。为使学生在普遍达到基本要求的前提下实现有个性的发展，课程标准应有不同水平的要求，在开设必修课的同时，设置丰富多样的选修课程，开设技术类课程。同时，积极试行学分制管理，突出课程结构的灵活性。

3）从小学至高中设置综合实践活动并作为必修课程，其内容主要包括：信息技术教育、研究性学习、社区服务与社会实践以及劳动与技术教育。强调学生通过实践，增强探究和创新意识，学习科学研究的方法，发展综合运用知识的能力。增进学校与社会的密切联系，培养学生的社会责任感。在课程的实施过程中，加强信息技术教育，培养学生利用信息技术的意识和能力。了解必要的通用技术和职业分工，形成初步技术能力。

4）农村中学课程要为当地社会经济发展服务，在达到国家课程基本要求的同时，可根据现代农业发展和农村产业结构的调整因地制宜地设置符合当地需要的课程，深化"农科教相结合"和"三教统筹"等项改革，试行通过"绿色证书"教育及其他技术培训获得"双证"的做法。城市普通中学也要逐步开设职业技术课程。

3. 匡定了课程结构改革的基本原则

《基础教育课程改革纲要（试行）》中明确提出改革后的基础教育课程结构应"体现课程结构的均衡性、综合性和选择性"。这既可以说是新的课程结构有别于原来的课程结构的三个基本特征，也可以说是课程结构改革应当遵循的三条基本原则。

课程结构的均衡性是指学校课程体系中的各种课程类型、具体科目和课程内容能够保持一种恰当的、合理的比重，避免某些类型、科目或内容比重过大或过小，既不利于课程结构的优化，也不利于课程效能的实现。

课程结构的综合性意在避免过分强调学科本位、科目过多和缺乏整合的现状。由于长期形成的课程传统及课程设计水平还不够高，我国课程结构呈现出明显的学科本位、科目过多和缺乏整合等不足。这既不符合当前整个课程改革的综合化走势，也不利于我国未来人才的培养，所以要通过综合性来重整我国基础教育的课程结构。

课程结构的选择性是为了让地方、学校和学生等课程的管理者和使用者根据自身的实际需要，灵活地选择出最能反映其需要、适合其要求的课程而做出的在结构上的安排。一方面，需要有统一的课程来保证公民的基本素质；另一方面也的确要看到差异性的存在，并创造条件来满足这种差异性。所以，课程结构的选择性是相对的，而不是绝对的，是在统一性的基础上的选择性。

二、普通高中课程结构改革

为深化基础教育课程改革，形成整个课程改革的合力，在基础教育课程改革的基础上，对普通高中课程方案也进行了改革。而且，普通高中课程结构的改革也在普通高中课程改革方案中居于非常重要的地位。

1. 普通高中课程结构改革的目标

在《普通高中课程方案（实验）》中把课程结构的改革作为实现普通高中培养目标的重要技术支撑，提出建立起"适应社会需求的多样化和学生全面而有个性的发展，构建重基础、多样化、有层次、综合性的课程结构"。

2. 构建新型的普通高中课程结构

我国普通高中课程结构由学习领域、科目和模块三个层次构成，其间关系如表 6-1 所示。

表6-1　普通高中课程结构

学习领域	科 目	模块举例
语言与文学	语 文	语文（1—5）+ 系列（1—5）（诗歌与散文、小说与戏剧、新闻与传记、语言文字应用、文化论著研读）
	外 语	英语（6—11）+ 系列Ⅱ（语言知识与技能类、语言应用类、欣赏类）
数学	数 学	数学（1—5）+ 系列（1—4）
人文与社会	思想政治	
	历 史	历史（Ⅰ—Ⅲ）+6 个选修模块
	地 理	地理（1—3）+7 个选修模块
科学	物 理	物理（1—2）+ 系列（1—3）
	化 学	化学（1—2）+6 个选修模块
	生 物	生物（1—3）+3 个选修模式
技术	信息技术	信息技术基础+5 个选修模块
	通用技术	技术与设计（1—2）+7 个选修模块
艺术	艺术或音乐、美术	4 个系列 16 个模块中任选 6 个模块
		音乐鉴赏（2 学分）+5 模块中选 1
		美术鉴赏（2 学分）+4 模块中选 2
体育与健康	体育与健康	6 个运动技能系列（10 学分）+ 健康 1
综合实践活动		研究性学习、社区服务、社会实践

其中，学习领域作为普通高中课程结构的第一层次，是基于学生的经验和发展需要，以及学科群的发展趋势而规划的学习范围。为了既关注学科群的内

在联系，又关注学生的经验和发展需要，避免以彼此孤立的单科的逻辑体系为中心来组织课程，共设置了语言与文学、数学、人文与社会、科学、技术、艺术、体育与健康和综合实践活动八个学习领域。

科目作为普通高中课程结构的第二层次，同时也是学习领域的下位层次。一方面，每一学习领域都是由若干性质相同的科目组成。另一方面，这些科目在学习领域的统摄下更加强调或突出彼此间的关联。除综合实践活动外，另外七个学习领域共包括语文、数学、外语（英语、日语、俄语等）、思想政治、历史、地理、物理、化学、生物、艺术（或音乐、美术）、体育与健康、技术等12～13个科目。其中技术、艺术是新增设的科目，艺术与音乐、美术并行设置，供学校选择。

模块作为普通高中课程结构的第三层次，同时也是科目的下位层次。每一科目都由若干模块组成，模块之间既互相独立，又反映学科内容的逻辑联系。每一模块都有明确的教育目标，并围绕某一特定内容，整合学生经验和相关内容，构成相对完整的学习单元；每一模块都对教师教学行为和学生学习方式提出要求与建议。

此外，普通高中课程还在结构上分为必修和选修两部分，并用学分来描述学生的课程修习状况，对学生毕业的学分进行了规定：学生每学年在每个学习领域必须获得一定学分，三年中共获得116个必修学分（包括研究性学习活动15学分、社会服务2学分、社会实践6学分），在选修Ⅱ中至少获得6学分，总学分达到114方可毕业（表6-2）。

表6-2　普通高中课程学分结构

学习领域	科目	必修学分	选修Ⅰ学分	选修Ⅱ学分
语言与文学	语文	10	根据社会对人才多样化的需求，适应学生不同潜能和发展的需要，在共同必修的基础上，各科课程标准分类别、分层次设置若干选修模块，供学生选择	学校根据当地社会、经济、科技、文化发展的需要和学生的兴趣，开设若干选修模块，供学生选择
语言与文学	外语	10		
数学	数学	10		
人文与社会	思想政治	8		
人文与社会	历史	6		
人文与社会	地理	6		
科学	物理	6		
科学	化学	6		
科学	生物	6		
技术	技术（含信息技术和通用技术）	8		
艺术	艺术或音乐、美术	6		
体育与健康	体育与健康	11		
综合实践活动	研究性学习	15		
综合实践活动	社区服务	2		
综合实践活动	社会实践	6		

第七章

课程类型

　　课程类型，即课程的分类。课程的分类既是课程结构的深化，也是对课程认识的深入。根据不同的标准，可以对课程进行多重划分。

第一节 课程类型概述

一、课程类型的内涵

课程类型，即对课程在类别上的把握，是对拥有同一属性各种具体课程的总称。这表明，课程类型具有以下两个方面的特点：

1. 同质性

课程类型不是某一具体课程的特称，而是对所有具有某种共同属性课程的总括性的把握。当然，划分课程类型的具体属性往往是根据课程研究的需要或课程实践的可能来进行的。

2. 多样性

虽然课程类型是对拥有同一属性的各种具体课程的总称，但由于对课程同一属性本身存在着认识或视角上的不同，往往会对之做出各种不同的划分，使得课程类型具有多种划分，多样形态。如根据课程的组织方式可以分为学科课程、活动课程和综合实践活动课程；根据课程的管理制度可以分为国家课程、地方课程和校本课程；根据课程的显隐程度可以分为显性课程和隐性课程；根据课程的分化与综合可以分为分科课程和综合课程；根据课程的选择空间可以分为必修课程和选修课程。

关于课程类型的内涵还有三点需要说明：

1）由于划分课程类型的具体属性不同，自然也就会带来关于课程类型划分的多样性。而且，随着研究的深入和认识的深化，人们还会发现或提出更多的划分课程类型的属性，从而导致课程类型不断丰富，对课程类型内涵的理解也会逐渐深入。

2）尽管根据各种不同的属性可以把课程划分为数量不一的类型，但各种属性下所做出的划分具有共同的指向，都是指向同一课程整体的。这也即，尽管可以根据不同的属性对课程类型做出不同的划分，但各自所要划分的对象实际上是同一总体。

3）由于各种不同划分所依据的属性不同，所以只能在其属性下所划分出来的不同课程类型之间进行比较，不能在不同属性间所划分出来的课程类型进行比较。质言之，不同属性间所划分出来的课程类型不具有可比性。这也同样适用于那些虽然指称的对象相同但却分属不同属性的不同课程类型：从指称的对象自身来看，由于这些课程类型同属某一特定的指称对象，没有比较的必要；同时，又因各自分属基于不同属性而做出的划分，自然也就无法比较。

二、课程类型的发展

1. 渐趋丰富

由于认识的原因，长期以来只有单一的学科课程。"曾有较长一段时间学科课程成为唯一的一种课程类型"[①]。19 世纪末 20 世纪初活动课程的出现改变了这种格局，课程类型从一枝独秀演变成双雄并存。接下来，综合课程、潜在课程、校本课程等逐渐涌现，不断壮大课程类型"大家庭"。

课程类型渐趋丰富、不断增多主要是通过两种方式来实现的：一种是通过对立统一来对周延的课程总体进行分解；另一种则是通过不断的层级细化对课程总体进行拆分。

2. 对立统一

课程类型不断丰富的方式之一就是充分利用事物发展中的对立统一性。一方面，根据属性所划分出来的各种课程类型之间是相互对立的，如学科课程与活动课程、必修课程与选修课程等。另一方面，这些课程相互对立的类型同时又是统一的，不但都是基于某种属性所做出的划分，而且这些划分出来的课程类型还都共同致力于个体的成长和社会的进步。

---

① 邓艳红.课程与教学论.北京：首都师范大学出版社，2007：129.

3.层级细化

课程类型不断丰富的另一种方式是通过层级细化来进行，通过增加课程层级在实现课程分类不断深入的同时也带来了课程类型的不断丰富。比如最初只有笼统的、泛化的国家课程，后来细化、增加了地方课程，然后又进一步细化、增加了校本课程，形成了国家课程、地方课程和校本课程三个层级。这种划分一方面基于课程管理制度，带来课程分类的新视角；另一方面，也通过该分类下相应课程类型的增加丰富了课程类型。

4.分类多元

课程类型是基于特定属性对课程在类别上的划分。在此过程中，人们通过各种不同的划分方式对课程做出了不同类型上的划分。除了上述在课程类型内涵中多样性中涉及的较为常见的分类外，还有其他一些特殊的分类：如依据知识的性质、依据知识的组织模式、依据学生的心理发展、依据教育的影响方式等[①]。这些分类丰富了课程类型的研究，也为后续的课程类型划分打下了基础。

第二节　学科课程、活动课程和综合实践活动课程

一、学科课程

学科课程作为历史上最早出现、最为古老的课程类型，是根据学校培养目标和科学发展水平及一定年龄阶段学生的身心发展水平，从各门科学中选择学生必须掌握的基础知识，组成各种不同的学科，分学科进行安排的课程类型。

尽管学科课程后来受到了活动课程的挑战，但直到今天仍在世界范围的课程领域中发挥着重要的作用。这无疑与其所具有优点有着很大的关系。概略说来，学科课程的优点主要有：第一，按照学科组织起来的课程，有利于教师发挥主导作用，能使学生获得系统的科学文化知识；第二，通过学习按逻辑组织起来的课程，能最大限度地发展学生的智力；第三，以传授知识为基础，易于组织教学，也易于进行教学评价。

当然，学科课程也存在着一些明显的不足：第一，在课程内容的组织上，过于注重逻辑系统，容易导致重记忆轻理解；第二，在课程内容的实施上，容

---

① 靳玉乐.课程论.北京：人民教育出版社，2012：236-240.

易偏重知识的传授，忽视学生兴趣和能力的培养；第三，过于强调学科之间的分隔不利于学生对所学习的知识进行横向联系、综合运用。

二、活动课程

活动课程又称经验课程或儿童中心课程，是以学生的生活本身为课程内容，以学生的兴趣、需要和能力为出发点，在教师的指导下，由学生通过自己组织一系列的活动进行学习，取得直接经验，掌握解决实际生活问题的知识，培养兴趣、能力和发展个性的课程类型。

需要说明的是，尽管活动课程与学科课程是相对立的课程类型，但在致力于学生发展这一大的方向上两者并无二致。当然，两者对促进学生发展的具体路径、关注焦点等方面各有侧重，在四个方面呈现出相辅相成的关系[①]。

1）认识内容上的相辅相成。学科课程所传递的主要是人类种族长期积淀的种族经验，这对学生来说是一种间接经验的学习；活动课程主要目的是让学生获得直接经验，是通过亲身实践的方式进行的。因此，活动课程与学科课程的结合，可以使学生的直接经验与间接经验结合起来，使学生的认识能够完整而又系统。

2）内容组织上的相辅相成。学科课程是以学科逻辑体系为基础来安排和组织的，有利于学生掌握基础知识和基本技能，但由于学科课程以分科的方式呈现给学生，把世界的完整性割裂了，把学生的本身的生活和认识世界的过程也割裂了。而活动课程则强调一种综合性较强的学习：从知识方面来说，要求学生学习的不是隶属于某一学科的知识，很可能横跨或超越各门学科；从能力培养方面来说，培养的也不仅仅是某一项或几项特殊的技能，往往需要训练综合能力。另外，通过亲身参与、体验的学习，会使学生的认识倾向、社会态度、思维方式、价值观念、行为习惯等受到锻炼和培养。活动课程与学科课程相结合，使课程的心理序列和逻辑序列统一起来，有助于学生获得完整的认识。

3）教学组织形式上的相辅相成。班级授课制是学科课程的主要教学组织形式。这种方式有利于教学的组织，但不利于照顾个别差异。而活动课程可以照顾学生的个别差异，但教学效率较低。学科课程与活动课程的结合可以既满足了教学效率的需要，又可以照顾到个别差异。

4）过程与结果的相辅相成。学科课程多关注学习的结果，容易强化学生的被动学习，不利于学生探索精神的培养。而活动课程多注重学习的过程，容

① 李臣.活动课程研究.北京：教育科学出版社，1998：70-72.

易促成学生的主动学习，但所获得的结论可能不是最佳的，有时甚至是错误的。因此，活动课程与学科课程的结合，有利于学习过程与学习结果的结合。

三、综合实践活动课程

综合实践活动课程作为我国基础教育课程改革中提出的新的课程形态，既是我国基础教育课程体系的结构性突破，也是我国这一轮新课程改革的亮点之一。

综合实践活动课程是通过密切联系学生自身生活和社会生活的方式，使学生在直接经验中实现对知识进行综合运用的一种课程类型。因此，综合实践活动课程超越了单一学科的界限，把人类社会的一些综合性课题、跨学科性知识和学生感兴趣的问题，通过实践活动的形式整合起来，使理论与实践、课内与课外、校内与校外有机结合，促成了理论性知识与实践性知识、单一学科性知识与跨学科性知识的结合。综合实践活动课程主要包括研究性学习、社区服务与社会实践、信息技术教育和劳动与技术教育四种形式。

第三节　国家课程、地方课程和校本课程

一、国家课程

国家课程就是国家规定或国家开发的课程，是基于国家为培养社会需要的合格国家公民而设计的，并依据公民的身心发展水平和接受教育之后所要达到的共同素质而开发的课程类型。这是一个国家基础教育课程计划框架的主体部分，也是衡量一个国家基础教育质量的重要标志。

具体来说，国家课程就是根据不同教育阶段的性质与培养目标，分别制订各个领域或学科的课程标准或教学大纲，编写教科书。这两个方面也就构成了国家课程的两种基本运作路径：一是教材实施型。在这种运作路径中，国家课程主要表现为对教材的实施，对反映国家意愿和受教育者发展素质的教材在实践中具体实施。二是标准参照型。在这种运作路径中，国家课程主要表现为制订国家课程的标准，并根据课程标准对教材进行审查，教材不再由国家进行开发，而是由相关单位根据课程标准来进行开发。

二、地方课程

地方课程就是由省级教育行政部门或经国家授权的其他部门依据当地的政治、经济、文化、民族等发展需要，在国家规定的《课程计划》框架内而开发、开设的课程类型。需要说明的是，尽管地方课程是由地方来开发、开设的课程，但这里所说的"地方"并不是指所有的地方。在我国主要是以省级为单位行政区划的地方，也包括一些经国家授权的非省级行政单位。

地方课程的开发需要遵循以下三条基本原则：

1）合理把握地方课程与国家课程、校本课程的关系。从地方课程与国家课程的关系来看，地方课程作为国家课程的有益的、必要的补充，必须根据国家课程的有关要求，深入领会国家课程的精神实质；从地方课程与校本课程的关系来看，地方课程与国家课程一起为校本课程的开发提供蓝本。

2）突出地方特色，坚持本土化取向。由于各地的经济文化发展极不平衡、自然环境也千差万别，使得不同地方拥有的可供地方进行课程开发的资源的数量、类型等方面也存在着巨大的差异。因此，在进行地方课程开发的过程中，必须根据各地的具体情况，确定适合本地区需要的课程主题领域，选择适合本地的课程开发指导力量等。另外，突出特色坚持本土化取向还有利于国家课程的实施。

3）坚持低投入高产出，走效益之路。地方课程开始一方面需要地方政府在财力、人力、物力方面给予支持；另一方面也要在开发的过程中坚持低投入高产出，走效益之路，充分利用当地的资源优势和已有材料来减少地方课程开发的一些成本，提高资金的使用效益。

三、校本课程

校本课程是学校在确保国家课程和地方课程有效实施的前提下，根据本校学生的合理需求，充分利用当地社区和学校的课程资源而开发出多样性的可供学生选择的课程类型。

理解校本课程，必须抓住以下两个关键：

1）校本课程必须以国家课程和地方课程有效实施为前提。校本课程不能"反客为主"，取代国家课程和地方课程。恰恰相反，校本课程只能是在国家课程、地方课程确保有效实施的前提下开发、开设的课程。而且，校本课程只能是国家课程、地方课程的有益的、必要的补充，不能与之相违背、冲突。

2）校本课程必须充分考虑学校所能享有的课程资源。可以说，学校所享有的课程资源的数量、类型是进行校本课程开发的关键。不同学校各不相同的校本课程在很大层面上都应该是由学校所占有的课程资源的不同来决定的。

第四节　分科课程与综合课程

一、分科课程

分科课程，即分学科开设的课程，实际上也就是学科课程。当然，也有研究认为现代学科课程含有学科综合性的意思，如数学学科、社会学科等，而分科课程则强调的是学科内部的分科，如代数、几何、三角等。两者之间有着明确的区别[①]。从严格意义上来说，分科课程与学科课程确有不同，但这些不同是由于对学科的含义理解不同导致的。有的是从广义层面，有的是从狭义层面，但无论是广义的理解还是狭义的理解，都是从学科出发的。因此，两者尽管有一定的区别，但相对而言比较细微。

基于上述分析，这里把分科课程与学科课程等同起来，不再对分科课程进行专门的交代。需要说明的是，尽管这里把二者等同起来了，但只是就其所指称的范畴而言的，但事实上两者是基于不同的课程属性而做出的不同的分类结果。

二、综合课程

学科课程作为历史上最古老的课程形态，尽管有着非常突出的优点，但在发展过程中也面临一些困境，如学科之间的分化导致学校课程门类越来越多、学科之间的割裂导致了知识的碎片化等。因此，学科课程在受到来自外部的活动课程的挑战的同时，也开启了内部的自我救赎，通过加强学科之间的综合，走综合化之路来化解面临的困境及外部的挑战，综合课程应运而生。

由于综合课程是作为分科课程的改进形态出现的，所以两者间既有关联又有区别。

从关联方面来看，两者不但都是从学科的视角对课程在类型上的把握，而

---

① 施良方.课程理论：课程的基础、原理与问题.北京：教育科学出版社，1996：273.

且综合课程还是在分科课程发展到一定阶段出现的产物。同时，综合课程的出现又进一步促进学科课程的深度分化及在此基础上的新的整合。

从区别方面来看，分科课程是一种单学科（single-subject）的课程组织模式，强调学科的逻辑体系的完整性；综合课程是一种多学科（multi-subject）课程组织模式，强调学科之间的关联性、统一性和内在联系 [①]。

关于综合课程的其他内容将会在后面进行专门交代，故这里不再赘述。

第五节　必修课程与选修课程

一、必修课程

所谓必修课程，即必须修习的课程，往往是为了保证学生的基本素质，培养社会需要的合格公民而做出的具有强制性规定的课程类型。因此，强制性就成为必修课程最为突出的特点，要求所有的学生都要进行修习，没有选择的余地。而且，为了确保这些对学生发展的共同的基本要求能够得到实现，还往往通过一定的技术手段，如课程计划的制订、国家课程的设计、课程结构的调整、考试评价制度的改进等来进一步强化必修课程的强制性。

也正因为必修课程肩负着保证国家未来公民素质的重任，世界上各个国家和地区都非常重视必修课程的开设。目前，尽管在欧美一些国家或地区的某些教育阶段中没有必修课程，但这只出现在特定的中学高年级和大学阶段，而在其他年级和教育阶段中依然有必修课程。所以，必修课程普遍存在于世界各国的课程结构中。只不过，由于人们对必修课程及公民素质的理解不同，不同国家开设的必修课程在种类、数量上并不完全一致，有的多一些，有的少一些。

二、选修课程

虽然必修课程有助于保证公民的基本素质，但却也存在着难以满足学生个性发展的需要、难以满足社会多样化的需要等弊端。为改变这些弊端，选修课程就应运而生。

选修课程是与必修课程对应的一种课程类型，也称为选择性学习课程，是允许学生根据自己的实际情况自主地从可选择的范围内自主进行选择且修习的

---

① 张华.关于综合课程的若干理论问题.教育理论与实践，2001（6）.

课程类型。因此，相对于必修课程关注共同性、统一性而言，选修课程则强调的是差异性、灵活性。

当然，两者在呈现出上述分野的同时，也还呈现出相辅相成的关系：①两者都共同致力于学生的成长和发展；②两者都是课程分类的深化和发展的结果；③两者具有相互促进、相互制约的关系，选修课程需要通过必修课程提供选修的基础，必修课程通过选修课程来深化、拓展选修的领域。

关于选修课程的其他内容也将在后面进行专门交代，故这里不再赘述。

第六节　显性课程与隐性课程

一、显性课程

显性课程是基于社会需要和受教育者的身心发展水平而规定的，并由学校具体落实的有目的、有计划、有组织地实施的课程类型。因此，外显性既是显性课程最为突出的特点之一，也是之所以称其为外显课程的重要原因之一。尽管外显课程是人们能够直观地感受到或者可以直接对之进行把握的课程，但其在实践中的表现又存在着明显的不同：从国家层面来说，主要表现为规定或开发出来的课程、制定出来的课程计划等；从学校层面来说，主要表现为具体的教科书、课程表等。

显性课程的重要作用主要表现以下四个方面：

1）有利于课程目标的达成。显性课程以外显的状态呈现，使相关的活动主体都能明确课程的具体目标，并使他们能够以课程目标为据，在课程实施过程中根据自己的权责，结合自身的优势来创造性地落实课程目标的要求。

2）有利于课程实施的运作。显性课程使相关的课程实施主体不但能够明确自己所应承担的实施内容，而且也能明确自己所应遵循的实施要求。

3）能够对隐性课程起到引领、统率作用。借助显性课程对隐性课程的引领、统率，可以更好地发挥隐性课程的作用。

4）可为校本课程开发起到指导作用。显性课程不仅在形态上是外显的，而且还具有比较明晰的开发程序、实施要求等，可以为校本课程开发提供参照，有助于开发出高质量的校本课程。

二、隐性课程

虽然从总体上来看隐性课程是与显性课程相对的课程类型，但由于缺乏外显的形态而在把握上存在较大的困难，以至于人们对其定义众说纷纭，莫衷一是。这里仅就隐性课程的关键方面和其与显性课程的关系两个方面进行交代，其余的方面将在后面进行专门的分析，这里不再赘述。

理解和把握隐性课程最需要注意的关键方面就是尽管隐性课程自身是隐性的，但是对隐性课程的把握却往往是通过显性的、有意识的方式进行的，是人们主观地、有意识地探究的结果。隐性课程的出现不但改变了单纯重视显性课程的状况，而且也推动了课程研究的深入，促进了课程分类的发展。

虽然从类型上来看隐性课程与显性课程相互对立，但事实上由于两者的相互交织和相互影响而呈现出错综复杂的多种多样的形态。对此，有研究者将之划分为以下五种关系形态[①]：①并列形态，隐性课程与显性课程相互对应和相互独立，各有自己的研究内容、设计模式等，是两个独立的学术研究领域；②递进形态，隐性课程与显性课程相互促进，在相互依赖中共同进步；③转换形态，隐性课程与显性课程的关系不是静止不变的，而是在动态中不断转换的；④互补形态，隐性课程与显性课程有着内在的互补关系，共同促进学生的个性发展；⑤逆反形态，有些时候隐性课程与显性课程之间会产生尖锐的冲突，相互遏制，破坏原有的互补关系。

---

① 靳玉乐. 潜在课程论. 南昌：江西教育出版社，1996：43-46.

第八章

综合课程

分化与综合既是课程设计中一对永恒的矛盾，同时也是课程设计中必不可少的课程类型。

第一节　综合课程的内涵

一、综合课程的概念

虽然从总体上来看，综合课程是与分科课程相对的一种课程类型，但在具体的理解和把握上却并不一致。不仅在称谓上有综合课程、统整课程、整合课程、合成课程等多种不同表征，而且定义上更是各有千秋：有的认为，"综合课程是指打破了传统分科课程的知识领域，组合了两个以上的学科领域构成一门学科"[①]；有的认为，"综合课程是针对学科课程的缺点而采取合并相邻领域学科的办法，把几门学科的教材组织在一门综合的学科之中"[②]；有的认为，"综合课程实际上是由一系列相邻学科中有代表性的概念、研究方法、个别课题、研究综合性复杂问题完成某些设计等组成"[③]；还有的认为，综合课程是"有意识地运用两种或两种以上学科的知识观和方法论去考察和探究一个中心主题或问题"[④]。

尽管上述围绕综合课程所做出的定义各不相同，但也存在着基本的共识，即改进分科课程，完善课程类型生态。虽然分科课程有其存在的合理性，但也面临诸如割裂知识之间的联系、割裂知识与生活之间的关联等若干弊端而亟待改进。综合课程就是对分科课程中存在的这些弊端的改进而进行的尝试。同时，这种尝试同时也改变了原来课程类型过于单一的状况，不但增加了新的课程类型，而且极大地丰富了课程类型结构，有助于形成完善的课程结构和课程类型

---

① 白月桥.我国中学综合课程研究现状与改革前景.教育研究与实验，1992（2）.
② 陈旭远.国外中小学课程改革的基本趋势及其启示.外国教育研究，1991（3）.
③ 韩骅.西方诸国80年代普教课程改革.外国教育研究，1991（1）.
④ 张华.关于综合课程的若干理论问题.教育理论与实践，2001（6）.

生态。当然，每种关于综合课程的理解"都存在窥其一端而弃其全貌的局限性，或者说，这些认识都只从一个侧面认定了综合课程的一种属性"①。因此，有必要进一步从更加整合的视角来理解和把握综合课程。

基于上述分析，这里把综合课程看作是为使学生能够从整体上认识和把握世界，通过对相关学科的合并、重构等方式加强知识领域间相互联系、相互渗透的旨在改进分科课程，完善课程类型生态的课程类型。

二、综合课程的特点

1. 整合性

如上所述，综合课程通过对相关学科的合并、重构，实际上也就是把这些相关的学科整合在一起而形成的一门新的课程。需要注意的是，综合课程是通过有机的方式来对所涉及的相关学科进行合并、重构的，而不是简单地拼合在一起。因此，课程整合就是对课程中的构成要素，如知识、人员、结构等方面进行新的重组而生成出的既符合实践需求，又能最大限度地促进师生发展的课程。

2. 创新性

综合课程的创新首先表现在课程类型上的创新，对长期存在的单一的、分科开设的课程类型生态进行了根本性的改变，使综合课程与分科课程这一既有对立性又具统一性的两类课程同时存在，共同发挥课程效能。同时，综合课程的创新还表现在课程中所涉及的要素及活动在组织上发生了改变，尤其是通过合并、重构等方式改变原来的课程组织及其架构。

3. 整体性

综合课程作为分科课程的对立面，有力地改变了随着知识不断地细化而带来的知识或学科之间的割裂、知识与生活之间的割裂，从整体上来关照知识、感悟生活，通过课程对知识、生活的整合来实现学生的全面发展。

4. 相对性

虽然综合课程是通过合并、重构的方式把一些相关的内容整合在一起而生成的课程类型，但其间却存在程度上的不同，有些综合程度高一些，有些综合

---

① 崔玉中.关于综合课程概念的界定.山东理工大学学报（社会科学版），2004（2）.

程度低一些。因此，不同的综合课程其综合程度不是绝对的，而是相对的，是相对于纯粹的分科课程而言的综合。

5. 灵活性

综合课程的灵活性主要通过其课程结构表现出来。"由于构成结构课程体系的关键是联系，尽管各种独立的知识要素或课程是相对静止的，但联系却是活的，是随着不同方式、不同维度、不同层次的变化而变化的"[1]。另外，综合课程的灵活性还表现在其实施过程中的灵活，能够比分科课程更好地适应和反映现实。

三、综合课程的类型

1. 协调型综合课程、组合型综合课程和混合型综合课程

这是根据综合的方法对综合课程进行的划分。协调型课程是指在一段时间内采取松散的关联形式，把两门以上相互关联的学科联系起来。组合型课程是指在一段时间内采取紧密的关联形式，把两门以上学科中相互关联的单元或内容结合在一起。混合型课程通常采用两种综合方法：一是选择与几个学科都有关系的题目或概念，通过对某个科目中的相关概念的学习来理解其他这一概念涉及其他科目中的相关内容；二是把几门相互分离的学习科目紧密地联结在一起，综合成一门课程。[2]

2. 系统化综合课程、学科化综合课程和模块化综合课程[3]

这是根据形态对综合课程进行的划分。系统化的综合课程是指围绕一个特定的核心，将学校教育中的所有学科组织成一个能够涵盖整个知识领域的课程体系。在这一课程体系中，被整合的每一门学科都将失去其独立性。系统化的综合课程也被称为"广域课程"，有以情操类学科为中心的综合课程、以儿童经验为中心的综合课程、以问题为中心的综合课程及以人性为中心的综合课程等四种亚型。

学科化的综合课程是指由两门或两门以上的有关学科融合而成的新的学科课程。被融合的各门学科的知识体系被打破，并形成一个新的知识体系。在这

---

① 许建领. 高校课程综合化的渊源及其实质. 教育研究, 2000（3）.
② 王斌华. 综合课程述要. 全球教育展望, 2001（2）.
③ 李亦菲. 综合课程的形态分析与体系建设. 教育科学研究, 2006（12）.

一新的体系中，原来学科之间的界限不复存在。学科化的综合课程也被称为"综合学科课程"或"融合课程"。

模块化的综合课程是指一种计划和组织教学内容的方式，目的是将分散的学科知识整合在一个方案中；这个方案与学习者的需要相匹配，并有助于将学生的学习与他们当前和过去的学习经历联系起来。在模块化的综合课程中，两种或两种以上学科既在一些主题或观点上相互联系起来，但又保持着各学科的相对独立。

3. 相关课程、融合课程（或称合科课程）、广域课程、核心课程、经验课程 [①]

这是根据综合的尺度，即综合的范围和综合的程度进行的划分。相关课程也称关联课程，是在原来的分科课程的基础上通过增强相关科目间的联系，把两门或两门以上的分科课程的内容在课程实施中有机地综合在一起；融合课程更强调各学科间的联系，把部分相关的科目统合兼并于范围较广的新的科目中；广域课程是将各相关学科的知识和原理从整体的角度设计成一种有机的整体性的课程；核心课程是在广域课程的基础上，以重大社会问题为中心来组织的课程；经验课程是以儿童的主体性活动的经验为中心组织的课程。

4. 结构性综合课程和功能性综合课程 [②]

这是从形态、目的等大综合的视角出发所进行的划分。结构性综合课程是指在课程组织的过程中虽然打破了学科课程框架结构的壁垒，但是对课程结构却持一种尊重态度，仍以知识为主线，并没有从根本上彻底改变分科组织的架构；功能性综合课程以需要实现的功能为内核，组织相关学科或相关知识与经验，完全打破结构的制约，最终实现知识与经验的同构。

第二节 综合课程的价值

综合课程之所以在今天备受关注，与其所具有的巨大价值密不可分。

---

① 施良方.课程理论：课程的基础、原理与问题.北京：教育科学出版社，1996：120.

② 代建军.综合课程组织线索与方法.现代中小学教育，2003（10）.

一、知识方面的价值

1.能够较好地应对知识自身的变化

知识的变化主要涉及知识的增长与知识的退化两个方面。而这两个方面，综合课程都大有作为：一方面，综合课程能够较好地处理知识量的骤增。"在可能得到的有限时间内，如果课程是围绕那些代表来自相关领域综合观点的关键概念和基本原理来编制的话，就可以包括较为广泛的学科范围。在学习中，获得对这些关键概念和基本原理的理解，比吸收许多往往不连贯、无系统的事实，似乎显得更有效也更经济得多"[①]；另一方面，综合课程也能够较好地处理一些知识的退化。在知识量骤增的同时，也存在着一些知识老化、过时的现象。这种现象也向课程提出了挑战，"由知识的发展和退化而引起的连续不断的课程更新的需要"，但由于综合课程是"更富于柔韧性的类型"，不像分科课程那样具有事实的永久性和僵硬性，所以更易于更新其中的知识内容。

2.能够较好地加强知识之间的关联

虽然在分科课程中也存在知识之间关系的考量，但这种考量更多的是在学科内部，是从特定学科的视角出发进行的融合，较少或者难以照顾到其他相关学科。综合课程打破了学科之间的界限，以相关知识为中心把两门或两门以上的学科融合在一起。这不但是对原来的课程分科架构的改变，而且也力图加强知识之间的关联，恢复人类知识经验的完整性。

二、心理方面的价值

1.能够更好地调动学习的积极性

综合课程采用心理原则来进行组织，更有助于激发学习兴趣和动机。虽然综合课程是围绕知识来进行合并、重构的，但事实上这只是就其外在形态而言的。从深层次层面来看，综合课程是按照学生的需要、兴趣、好奇心等一些心理原则来进行组织的，从而能够更好地激发他们的学习动机，调动他们的积极性。

2.能够创造更好的课程实施环境

综合课程同日常生活的密切联系，在缩小课程与生活之间距离的同时，还

---

① 英格拉姆.综合课程的作用.吕达，译.课程·教材·教法，1985（3）.

创造出一个适当的教育环境。在这样的教育环境中，学生不是通过机械的方式去学习一些过于抽象的概念，而是通过自己的体验和探索来发展他们的思维方式。

3. 照顾到了一部分学生学习方式

一些学生倾向于采用分化的、具体的方式来进行学习，也有些学生喜欢采用整体化的、综合的方式进行学习。如果说分科课程照顾到了前者，那么综合课程则照顾到了后者，从而有利于一部分学生的学习。

4. 加强才智和个性两方面的协调

综合课程鼓励学生之间的合作，有助于学生在诸如情感、道德等社会性方面的发展，有助于学生在才智和个性两个方面的协调发展。

三、社会方面的价值

1. 有助于教师与学生和学生与学生之间的合作

综合课程无论是其内容，还是运行，都需要多个方面的人员共同努力才能完成。在此过程中，既会增强师生之间和生生之间的交往频率，也会增进师生之间的感情，有利于双方的社会化。

2. 有助于更好地处理当代社会面临的诸多难题

当代社会发展虽然从总体上来看呈现出明显的进步性，但也面临一系列诸如环境问题、生态问题、伦理问题、贫困问题等复杂的、综合的问题。由于这些问题的复杂性、综合性，仅靠某一个学科是难以解决的。综合课程在强化知识之间关联的同时，也有助于这些社会问题的解决，进一步推动社会发展。

四、课程方面的价值

综合课程除了具有上述三个方面关注较多的价值外，还在课程自身方面也颇有价值，对课程自身的发展具有明显的推动作用。

1. 有助于课程结构生态的完善

虽然综合课程早已存在，但其真正被深入地关注、较为广泛地实施则是近来的事情。综合课程正式作为课程类型中的一员，有力地改变了过去的只有分科课程，而且分科越来越细的弊端，改善了课程结构生态，形成了有机的课程结构体系。

2. 有助于课程设计水平的提高

分科与综合既然是课程设计中不可回避、也无法绕开的一对矛盾，那么就需要在进行课程设计时直面这一问题，寻找更好地处理两者间的关系的方法，并通过两者的交互作用在整体上提升课程设计水平。

第三节　综合课程的基本类型

在上述综合课程的类型中可以看出，一方面不同的研究者根据不同的标准对综合课程进行了各不相同的划分，另一方面，各不相同的划分当中还有一些共性，即有些划分虽然使用了不同的术语，但基本内涵却基本上一致。为了更好地理解综合课程，这里对四种较为常见的、基本的综合课程类型予以简要介绍。

一、关联课程

关联课程，又称协调课程、相关课程，是把两种或两种以上的学科既在一些主题或观点上相互联系，又保持各学科原来的相对性[1]。关联课程由于不需要重新编写出新的课程，所以并不改变原来的分科状况，即保持原来的科目数量，既不增加也不减少。只不过借助于共同的主题或相关的观点对课程内容的重整，把原本表面上看起来毫不相干的一些科目联系在了一起。因此，关联课程主要是通过课程之间在内容上的相互照应来实现的。这种类型的综合课程其综合程度或者说是综合水平相对较低：一方面，只适用于那些既有相互联系的主题或观点，同时又能进行整合的内容。这些内容不但并非课程内容的全部，而且受到人们的认识水平的制约。另一方面，只是把这些相关的内容通过平行的方式并置在一起，并不能更进一步把它们整合为有机的整体。

二、融合课程

融合课程，也称合科课程、组合课程等，是将有关相邻学科的内容糅合在

---

① 张华. 课程与教学论. 上海：上海教育出版社，2000：258.

一起，从而形成一门新的学科的综合课程类型。融合课程与关联课程的最大区别就是改变了原来的分科情况，消除了原来的学科界限，"融合之后原来学科之间的界限不复存在"①。这种把相邻学科的内容糅合在一起的融合课程不但减少了科目的数量，而且消除了原来学科之间的界限，生成出一门新的具有综合性特色的课程。因此，融合课程不但比关联课程的综合程度高，而且也更加复杂、更加困难。所以，融合课程在进行融合时必须从实际出发，把内容真正地融合在一起，而不是简单地拼凑或捏合在一起。

三、广域课程

广域课程是合并数门相邻学科的课程内容而形成的综合性课程。这种类型的综合课程与融合课程既有相同之处，也有明显区别：从相似之处来看，两者都是围绕某一个选择出来的组织核心把各相关的学科组织成为一门新课程，而且这些被整合进来的学科都失去了各自的独立性；从区别方面来看，广域课程在综合的范围上比融合课程大，更多的学科综合在一起。融合课程所综合的只是与学科有关的领域，而且是其中的部分学科，但广域课程综合的却是整个学科，甚至是整个人类认知领域。因此，广域课程不但比融合课程的综合范围广，而且综合的程度更高。

广域课程虽然是把整个学科综合在一起，但并不是将各相关学科的知识进行简单的拼凑，而是将这些学科的知识和原理从整体的角度设计成一种有机的、整体性的课程。因此，广域课程比融合课程的综合范围更为宽泛，往往包含某一完整的知识分支或知识领域。这种类型的综合课程中一些比较典型的例子如下："社会研究"课程是在最初通过历史和地理加以融合的基础上加入了经济学、社会学、政治学、法学和人类学的有关内容；"综合自然科学"综合了物理、化学、生物、生态、生理、实用技术等；"语言艺术"综合了文法、阅读、写作、戏剧、电影、电视、新闻和实用语言等。

尽管广域课程要求避免简单地拼凑，但由于这是对整个学科的综合，涉及范围广、难度大，各个学科之间关系并不易较好地处理，难以完全避免拼凑现象的出现，使其似乎成了任意拼凑的"大杂烩"。为了避免出现这种情形，人们又在此基础上推出了广域课程的改进形式——"浮现式课程"。所谓浮现式课程，即这种课程在是通过前一个课题的学习"自然地"引出后一个课题，后者好像

---

① 靳玉乐.课程论.北京：人民教育出版社，2012：250.

是从前者中"浮现"在师生面前。在传统的课程设计及课程实施背景下，浮现式课程有着较大的难度而难以实现。但在当前信息技术迅猛发展，并广泛运用于教育的时代背景下，浮现式课程的运行也会更加便捷可行。

四、核心课程

人们对于核心课程存在着两种不同的理解：

一种理解认为核心课程是基于学生成长或发展需要而开设的若干门课程，"这种课程是每个学生都必须掌握的，是需所有学生共同学习的"。因此，这种理解实际上是对整个课程按照重要程度或者强制程度进行了划分，把那些重要程度或强制程度高的课程看作是核心课程。虽然有研究者将其理解为综合课程，而且也确实有综合的成分在内，但就其最终的指向与诉求来说，并非纯粹的综合课程。

另一种理解认为核心课程是以重大社会问题或者说是价值比较大的领域作为中心来组织的课程。相对来说，这种理解更加能够体现出综合课程的含义。因此，这里就将这种理解作为综合课程的基本类型之一，并从综合课程的前提下来对之进行分析。

综合课程视角下的核心课程与广域课程同样既有相同之处，也有明显的区别。从相同之处来看，它也是围绕中心主题对相关学科进行的整合，在整合的过程中相关学科也同样失去了各自的独立性。两者的区别主要表现在两个方面：一方面，核心课程避免了广域课程过于松散，甚至陷入任意拼凑的"大杂烩"的境地，而是在广域课程的基础上，使各相关的内容能够充分地统一起来；另一方面，核心课程改变了课程综合的基点，不再是以知识为中心进行整合，而是以问题为中心对课程进行整合，侧重于从现实出发来寻找整合的基点。

第九章

选 修 课 程

　　选修课程作为与必修课程相对的课程类型，因其多样性、自主性、灵活性等特点，能满足不同学生发展的需要而备受关注。

第一节　选修课程的内涵

一、选修课程的概念

选修课程，也可以称为选择性学习课程，是允许学生根据自己的实际情况自主地从可选择的范围内自主进行选择且修习的课程类型。这表明，选修课程有以下三个方面的要义：

1. 有得选

选修课程首先要有能够满足学生需要的一定数量的课程供他们进行选择，即有可以选择的空间。如果满足不了这个方面的条件或要求，选修课程也就失去了其价值，也不能称为选修课程了。即使是勉强称作选修课程，但也只能是一种形式化的举措，既不符合选修课程的要义，也达不到开设选修课程的目的。

2. 自主选

对于选修课程而言，作为选择性学习的课程，还需要明确选择的主体，即由谁来进行选择。如果不明确这一点，而由其他主体代为选择的话，同样也会导致选修课有名无实。选择课程的选择主体只能是学生，是由学生根据自己的需要、实际情况来进行科学合理地选择。需要说明的是，尽管学生是选择的主体，但并不排除选择的过程中可以邀请其他主体为其提供合适的建议，也并不意味着学生可以固执己见，不虚心听取别人的合理建议。当然，尽管教师等其他人员可以提供必要的建议，但最终的选择决定必须由学生自己做出。

3. 强制修

选修课程与必修课程的最大不同之处在于必修课程没有选择的余地，强制性程度较高，而选修课程由于有选择的余地，强制性程度相对低一些。但这也并不意味着选修课程没有强制性。事实上，选修课程也同样有强制性。只不过这种强制性不是表现在选择上，而是表现在选择后，一旦选定后就同必修课程一样需要进行修习，并需要达到相应的标准。当然，不同的选修课程在需要学习的要求上会有所不同，强制程度也不相同。比如有些任选课程，特别是拓展性的任选课程，就不会有统一的强制性的要求。但从总体上来看，选修课程也是有强制性的，需要修习完成。另外，选修课程的强制性还表现为学生必须选择出一定数量的选修课程进行修习，而不能完全不修或少修。

二、选修课程的特点

1. 多样性

选修课程的这一特点是由以下三个方面原因决定的：

1）是为了满足有得选的要求。如上所述，选修课程最为首要的要求是有得选。为了能够有得选，就需要有多种多样的选修课程。否则，既谈不上有得选，也谈不上真正意义上的选修课程。

2）由于科学技术的迅猛发展。一方面导致了知识的分化在加剧，另一方面也导致了知识的深度在加大。如果这些内容都纳入到必修课程中去，既会导致课程容量膨胀，也会使相当一部分学生难以完成。因此，必须通过一定的技术手段，将这些内容从必修课程中剥离出来，作为选修课程供学生根据自己的实际情况来进行选择。

3）学生之间客观上存在差异。众所周知，学生之间存在着一些差异。这些差异也同样反映在课程的需要上，要求为他们提供适合其需要、能最大限度满足其发展需求的课程。

2. 自主性

选修课程的自主性主要表现在以下两个方面：一是由学生自主选择修习课程。学生在学校为其提供的可选择的课程范围内，根据课程标准的要求和自身的实际情况，自主地确定选择具体修习的课程；二是由学生自主确定修习时间。除了自主选择修习课程外，学生还可以根据自己的情况，自主而合理地选择修习时间。当然，在自主确定修习时间时还要注意避免既不要同一时期选择太多课程而导致负担过重，也不要在某一时期选择课程太少而导致分配不合理。这些都会影响到选修课程开设的效果。

3. 灵活性

如上所述，选修课程虽然具有一定的强制性，但其强制是相对而言的，与必修课程相较起来，有着非常大的灵活性。一方面，有课程选择的空间，可以在一定范围内选择出若干门课程；另一方面，有修习时间的自由，可以根据自己的实际情况，灵活选择修习的时间。

4. 综合性

首先需要说明的是，尽管选修课程的综合性无法与前述综合课程所具有的综合性相提并论，但选修课程依然呈现出综合性的特点。选修课程的综合性主要体现在以下两个方面：一是与相关必修课程的综合。虽然从课程类型上来看，选修课程与必修课程是相互对立的，但两者在指向上却是一致的，即都指向于学生的成长和发展。而且，两者的分野同样还是为了更好地实现学生的成长和发展。因此，选修课程必须与必修课程综合起来，形成有机的统一整体。二是与学生自身实际的综合。开设选修课程的重要目的之一就是为了更好地满足学生的实际发展需要。因此，所开设出来的选修课程要考虑学生的实际需要，并把二者综合在一起。

三、选修课程的价值

1. 社会方面的价值

选修课程在社会方面的价值主要表现在以下两个方面：

1）有利于增强社会和谐。相对于必修课程而言，选修课程拓展了师生之间交往的空间，从原来只是被动地接受相关课程及授课教师转向主动地选择相关的课程及授课教师。这不但极大地拓展了师生之间的交往空间，而且在具体的选择及修习的过程中，还能通过与更多教师的接触学会与人交往和合作，从而有利于他们的社会化，有利于社会和谐的增强。

2）有利于推动社会发展。一些选修课程，特别是大学里开设的选修课程往往会与当前社会发展中的一些热点，如生态环境、资源保护、世界和平等密切相关。这些课程不但能够吸引青年学生的兴趣，而且也能够使他们的视野更加开阔，认识更加深入，使他们在了解和掌握相关知识的同时，有志于相关问题的解决，进而推动社会的进步。

2. 学生方面的价值

选修课程对于学生的价值主要表现在以下三个方面：

1）关注学生的个体差异。正如世上没有两片完全相同的树叶一样，也没有完全相同的两个人。不同的学生之间往往存在一定的差异。这些差异有的大一些，有的小一些；有的多一些，有的少一些。但不管大小、多少都意味着差异是客观存在的。选修课程的多样性正好能够满足学生的需要，契合学生的差异性，使所有学生的差异都能得到关注。

2）满足学生多样化需求。选修课程除了能够关注学生的个体差异外，还能够满足学生的多样化需求。学生的多样化需求，既与学生之间存在的差异有关，也与学生自己的实际考量有关。有些学生之间由于存在明显的差异，自然会导致他们各自在需要上有所不同，也有些学生可能各种情况都非常接近，但也会存在各不相同的甚至完全相反的需要。选修课程的多样性，自然能够满足他们的需要。

3）促进学生差异化发展。选修课程在关注学生个体差异，满足多样化需求的同时，实际上也在促进学生的差异化发展。多种多样的选修课程，不但能够照顾到学生的个体差异和需求的满足，也为学生的多样化、差异性发展提供了可能。质言之，选修课程既不是消除差异，也不是制造差异，而是促进多样性的发展，推动高位均衡的差异。

3. 课程方面的价值

选修课程在课程方面的价值主要表现在对课程生态的改善上。选修课程对课程生态的改善主要表现在以下两个方面：

1）丰富课程类型。由于长期以来，只有必修课程而没有选修课程，导致了课程生态不够完善，如不断增加的课程门类，过于僵化与划一等弊端逐渐暴露且日益凸显。选修课程的出现，在改变课程只有单一的必修状态，丰富课程类型的同时，也会带动课程甚至教育中一些相关问题的解决。

2）改善课程实践。在只有选修课程的情况下，尽管能够满足绝大部分学生的需要，但仍然有相当一部分学生的需要无法得到满足。他们为了满足自己的需要，被迫通过自己的努力来尝试解决。这尽管有助于其学习的主动性、积极性，但往往也容易使相当一部分学生陷入误区之中，如分不清深浅，把握不好方向等。选修课程作为课程中的一种类型，需要遵循课程设计的有关要求及其自身特点，可以有效地避免上述问题，改善课程实践。

第二节　选修课程的类型

一、选修课程的分类

根据不同的标准，选修课程可以分为不同的类型。

1. 限制性选修与任意性选修

这是根据选修课程的限制程度进行的划分。虽然同属于选修课程，但不同课程的限制程度不同：有些选修课程有一定的限制程度，比如要在指定的范围中进行选修，或者需要修够一定的学分或门数等；也有些选修课程没有这种限制或约束。前者属于限制性选修，后者则是任意性选修。

2. 深化性选修与拓展性选修

这是根据选修课程的内容水平进行的划分。从课程的内容水平来看，有些是在相关的必修课程的基础上进一步深化，有些则是围绕社会生活或学科交叉做出的进一步拓展。前者属于深化性选修，加深相关的必修课程的内容深度，后者属于拓展性选修，从横向上拓宽课程内容涉及的范畴。

3. 分组选修与随机选修

这是根据选修课程的选择方式进行的划分。有些选修课程往往会根据实际情况划分为若干组，在选修时根据要求选择其中一组或者从每组中根据需要选择出一定门数，而有些选修课程由于没有做出分组，自然在选择时也就没有这样的限定要求了。前者属于分组选修，后者属于随机选修。

二、选修课程的两种基本类型

1. 限制性选修

限制性选修也称指定性选修或简称为限选，要求学生必须从所提供的选修课程范围中选择出相应的门数或者修够相应的学分。这类选修课程具有如下两个方面的内涵：

1）限制性选修是选修的类型之一。学生可以根据自己的实际需要，在一定的可选择课程范围内自主地选择修习的课程类型，可根据选修课程内容上的不同细分为自然科学方面的选修、艺术方面的选修、职业技术方面的选修等。

2）限制性选修是另一种形式的必修。虽然限制性选修是选修的一种类型，但这种选修却是一种相对有限性的选修。学生在此过程中虽然有选择的自由和空间，但不管如何选择，都必须选择出一定数目的科目或者需要修够相应的学分。与必修相较起来，限制性选修虽然有一定的选择自由，但也受到一定的限制，须在一定范围内选择相应的科目并且进行修习。因此，限制性选修也可以看作是另一种形式的必修，是一种提供了一定选择空间或选择自由的必修。

2. 任意性选修

任意性选修又称自由选修，学生在进行具体选择时没有任何的限制或约束，可以完全自主地根据自己的兴趣爱好来进行选择。相对于限制性选修来说，任意性选修由于没有一些硬性的要求，学生在选择时具有更大的自主性，也有更大的选择空间，可以更好地促进学生兴趣爱好和特长等方面的发展。

需要说明的是，任意性选修尽管没有硬性的要求，但仍然需要注意避免两种极端现象：一种是不选或少选，仅完成必修课程和限制性选修课程。这种现象虽然表面上完成了课程计划、课程标准等方面的规定，但其实对个体的成长并不利，不利于综合素质的提高。另一种是选得过多过泛。如果选得过多，虽有助于学生视野的开阔，综合素质的提升，但也容易导致疲于应付或流于形式，而达不到预期效果。

第三节　我国选修课程的演进

虽然从世界范围来看选修课程早在 19 世纪就已经出现，但选修课程在我国出现却相对要晚一些，20 世纪初、清政府末年才开始启动实施选修课程。但由于认识上的不足，再加上当时社会动荡不定、教育本身不够发达等原因使得选修课程的开设更多的是停留在书面上，并未对当时的课程实践产生太大影响。新中国成立以来，选修课程的开设同样走过了一段曲折的历程，"60 年代初次提出，80 年代恢复尝试，90 年代实验探索，新世纪突破创新"①。

一、新中国成立以前的尝试

1. 清末时期的选修课程

清末颁布的《钦定学堂章程》和《奏定学堂章程》在确立现代学制的同时也在课程结构方面做出了重大改变，开始实行必修课程与选修课程。小学教育作为国民教育（基础教育），必须通过必修课程来为其今后的成长和发展打下基础。"小学堂之宗旨，在养其人伦之道德，启其普通之知识；不论其长成之后，或习文学，或习实业，皆须以小学立其基；此不能分者也"②。但中学教育由于客观上存在"升学预备"和"职业预备"两种不同的取向，故而需要能够与这两种取向相适应的课程，所以在 1909 年开始改革课程设置，在中学实行文、实（理）分科，通过课程分设尝试开设选修课程。但由于对这一新生事物的认识不足且在客观上存在诸多困难，所以并没有取得良好的效果，尽管有少数发达省份如江苏等曾有所尝试，但最终"昙花一现，未有成绩"③。

2. 民国时期的选修课程

民国初期，各项教育改革停滞不前，甚至有些倒退，中学课程分科设置被取消，选修课程也无从谈起，又回到学制确立初期的各科完全必修制状态。

此后由于爆发的各项改革迅速推进的形势发展需要，再加上当时教育改革者在借鉴国外课程设置的经验，1919 年前后选修课程再度被提上议事日程，并在一些学校里正式实行。据初步统计，仅 1922 年《学校系统改革案》颁布的当年就有 15 个省区的 49 所学校实行了选科制④。

但到了 20 世纪 30 年代，由于当时政治及社会原因，选修课程再度被废止。1930 年，选科制实行的总趋势是逐步减少，有些学校反对选科制甚至取消选科制⑤。到了 1936 年有人称：现在的中学，初中大概已经没有选修课程，而高中及中等师范虽然有些还有选修课程，但是比起试行选科制的时候就少得多了⑥。

---

① 黄伟. 半个世纪以来的高中语文选修课程的历史发展. 天津师范大学学报（基础教育版），2006（2）.
② 课程教材研究所.20 世纪中国中小学课程标准·教学大纲汇编·课程（教学）计划卷. 北京：人民教育出版社，2001：51.
③ 陆殿扬. 江苏省立中学学制变更的历史观. 教育杂志，1922（14）.
④ 陆殿扬. 民国十一年之中学教育. 新教育，1923（2）.
⑤ 张文昌. 对于部颁中小学课程暂行标准的意见. 中华教育界，1930（9）.
⑥ 阮真著. 中学国文教学法. 南京：正中书局，1936：9.

二、新中国成立以来的发展

新中国成立以来,选修课程再度被提上日程,并经历了一个艰难曲折、渐趋深入和完善、快速发展的历程。

1. 20 世纪 60 年代提出

1963 年 7 月颁布的《全日制中小学教学计划(草案)》中明确要求普通高中"在保证必修课程的基础上,可以根据师资设备等条件,酌设农业科学技术知识、立体解析几何、制图、历史文选、逻辑等选修课,高中三年级学生可以根据志愿和爱好任选 1 门或 2 门"①。但不久后爆发的"文化大革命"使得整个课程体系,包括必修课程、选修课程都遭到了严重破坏。

2. 20 世纪 80 年代恢复尝试

随着"文化大革命"结束,一系列拨乱反正政策的执行,我国各项事业逐步重新步入正轨。与此同时,随着我国教育体制改革,特别是课程结构的调整,选修课程也逐渐重新回到教育实践之中,走上了发展的快车道。1981 年教育部颁布的中小学教学计划对课程结构进行了一定的改进调整,提出在高中阶段开设少量的选修课,高二、高三每周 4 节。1986 年原国家教委颁布的《义务教育全日制小学、初级中学教学计划(试行草案)》中规定初中阶段设置选修课程。

3. 20 世纪 90 年代实验探索

为更好地适应我国经济和社会发展需要,原国家教委于 1993 年开始正式研制普通高中新课程方案。1996 年正式颁布的普通高中课程方案中明确规定了普通高中的课程结构由学科课程和活动课程组成。学科类课程分为必修、限定选修和任意选修 3 种方式。其中:限定选修课程是学生在学习必修学科的基础上,侧重接受升学预备教育或接受就业预备教育所必须进一步学习的课程。对于这类课程,学生根据自己的志愿、爱好和需要,在教师指导下有选择性地从中选择相应的门数进行修习;任意选修课程是为发展学生兴趣爱好、拓展和加深知识、培养特长、提高某方面能力而设置的课程。学生从学校可能提供的任意选修课程范畴中根据个人的兴趣自主地选择出若干课程进行修习。

这次普通高中课程方案不仅把课程分为学科课程和活动课程,而且还在学科课程中对选修课程做了进一步的拓展,划分出限定选修和任意选修两种不同

---

① 汪霞.课程改革与发展的比较研究.南京:江苏教育出版社,2000:414.

的选修类型，为选修课程的建设提供了更宽广的空间和多样的方式。

4. 21 世纪初取得了初步突破

2003 年，教育部颁布的《普通高中课程方案（实验）》对高中课程结构及课程设置进行了重大改革，在选修课程方面表现得尤为突出：

1）继承坚持必修与选修相结合。方案规定普通高中的课程由必修和选修两部分构成，并且选修又细分成选修 I 和选修 II 两种。其中，选修 I 主要是根据社会对人才多样化的需求，适应学生不同潜能和发展的需要，在共同必修的基础上，各科课程分类别、分层次设置若干选修模块，供学生选择；选修 II 是学校根据当地社会、经济、科技、文化发展的需要和学生的兴趣，开设若干选修模块，供学生选择。因此，选修 I 和选修 II 虽然同属选修课程，但各有侧重点：前者是在学科的基础上进行的深化性选修；后者是从当地发展实际进行的拓展性选修。

2）加大了选修的空间。在这一次普通高中课程方案中，以学分来衡量学生修习各类课程的情况。首先，明确规定了高中生毕业至少应获得 144 学分。其次，进一步规定了各种不同类型课程的学分：必修学分不低于 116 学分，选修 I 不少于 22 学分，选修 II 不少于 6 学分。第三，这些学分要求都只是整个学分的一部分，并非是整个学分的全部。"从理论上来分析，三年高中可以获得 189 学分，按新课程方案的规定，毕业学分最低要求是 144 学分，因此，有 45 学分（占总学分的 24%）的空间留给学校支配。这给每一个学生的发展提供了极大的空间。就选修 I 来说，总的空间是 55 学分，如按最低要求 22 学分来说，还有 33 学分的发展空间，让学生可以必修课程中跨科目或跨领域选修；就选修 II 来说，总的空间是 18 学分，如按最低要求 6 学分来说，还有 12 学分的发展空间，让学生可以在校本课程领域自由选修"[1]。

3）建立选课指导制度。为了更好地帮助高中学生进行选课，避免学生选课的盲目性，方案还要求建立校内选课指导制度，为学生提供课程设置说明和选课指导手册，指导学生选出符合个人特点的、合理的课程修习计划。

① 钟启泉，崔允漷，吴刚平 . 普通高中新课程方案导读 . 上海：华东师范大学出版社，2003：245.

第十章

综合实践活动课程

　　综合实践活动是我国 21 世纪初启动的基础教育课程改革中涌现出来的新的课程形态，同时也是我国基础教育课程体系取得突破性结构的重要标志之一。

　　综合实践活动课程的提出一方面因应了世界课程改革的整体走势，契合并推进了世界范围内课程综合化的走势；另一方面也体现了我国课程改革的现实需要，与我国课程当中存在的一些问题，需要借助综合实践活动课程的形式来进行改进有关。自 20 世纪 90 年代以来，世界上很多国家和地区，如美国、英国、澳大利亚、日本、挪威等国及我国的台湾在基础教育课程改革中都注重开设综合实践活动课程，通过倡导"主题探究""设计学习"活动和开设"综合学习时间"等实现课程的综合化。

　　与此同时，我国长期积淀下来的根深蒂固的学科课程本位思想用原子论的方式把个人、社会与自然的关系截然割裂开来，过多地强调学科知识的熟练掌握，容易忽视学生个性的健全发展；过多地依赖于接受性的学习方式，忽视发现学习、探究学习在人的发展中的价值；过多地把学习对象局限在封闭的书本上和禁锢在屋子里，忽视在社会实践活动中直接经验的获得和实践能力的提升。

第一节　综合实践活动课程的内涵

一、综合实践活动课程的概念

综合实践活动课程是通过密切联系学生自身生活和社会生活的方式，使学生在直接经验中实现对知识进行综合运用的一种课程类型。因此，综合实践活动课程超越了单一学科的界限，把人类社会的一些综合性课题、跨学科性知识和学生感兴趣的问题，通过实践活动的形式整合起来，使理论与实践、课内与课外、校内与校外有机结合，促成了理论性知识与实践性知识、单一学科性知识与跨学科性知识的结合。因此，综合实践活动课程具有以下要义：

1.综合实践活动课程是综合性课程

综合实践活动课程超越了教材、课堂和学校的局限，使活动的时空向自然环境、学生的生活领域和社会活动领域等进行延伸，密切了学生与自然、社会、生活的联系。

2.综合实践活动课程是实践性课程

综合实践活动课程转变学生以往单一的以知识授受为基本方式、以知识结果的获得为直接目的的学习活动，转而强调多样化的实践性学习，注重学生多样化的实践性学习方式，关注学生对实际的活动过程的亲历和体验，超越了具有严密的知识体系和技能体系的学科界限，以有效地培养和发展学生解决问题的能力、探究精神和综合实践能力为目标。

3. 综合实践活动课程是发展性课程

综合实践活动课程集中体现了新的课程管理制度的要求，是由地方教育管理部门根据国家统一制定的课程标准和综合实践活动指导纲要，结合地方差异加以指导，最终由学校根据相应的课程资源来进行开发和实施的课程。因此，综合实践活动课程也是最能体现学校特色、满足学生个性差异的发展性课程。当然，综合实践活动课程的发展性还表现在这是一种新型的课程形态，超越了长期存在的传统的学科课程与活动课程两分的旧格局，力图通过学科课程活动化与活动课程综合化来构建起有效的整合学科课程与活动课程关系形态的新格局。

二、综合实践活动课程的特点

1. 综合性

综合性可以说是综合实践活动课程的基本特性。这也即在进行综合实践活动的设计和实施的过程中必须综合学生在生活世界中的各种关系及其处理这些关系的已有经验，运用他们已有的知识，通过实践活动来展开。从具体实践来看，有学科内综合、跨学科综合、活动内容与形式的综合以及师生在活动中知情意行的综合等多种综合形式。

2. 实践性

实践性是综合实践活动课程及其实施的最为显著的特点。综合实践活动课程体现了学生在活动中的自主性、实践性，使他们通过开展丰富多样的实践性学习活动，来学会发现、学会探究、学会实践，在超越了单一的书本知识学习的同时引导他们自觉地将直接经验学习和间接经验学习相结合。

3. 开放性

综合实践活动课程的开放性既表现为视野的开放，也表现为时空的开放。无论是在学习的活动方式还是学习的活动过程上，学生可以根据现有的课程资源、自身已有的经验，采取不同的方式来展开。而且，就是在参与同一活动，采用同一活动方式的时候，在具体的活动方式和活动过程上也会因人而异，因情境而异，因任务而异。这也即综合实践活动课程并不强求学生固定地采取同样的活动方式和活动过程。

4. 生成性

在具体实施综合实践活动课程时，虽然每一所学校、每一个班级都会按照综合实践活动指导纲要的要求，遵照整体规划的综合实践活动课程，但这并不意味着各个学校、班级必须严格地照搬要求，统一按照规划来进行。恰恰相反，在具体的实施过程中，每一所学校、每一个班级都应该随着活动的不断展开，在不断生成新的目标的同时，不断地生成新的主题，不断地生成综合实践活动课程的运行。在此过程中，一方面学生的兴趣得到充分的调动，积极性也得到充分的发挥；另一方面，学生的认识和体验也在不断加深，创造性的火花不断迸发。

5. 自主性

综合实践活动课程还充分尊重学生的兴趣、爱好，从而为学生自主性的发挥开辟了广阔的空间。在具体的实施过程中，学生自主地选择学习的目标、内容、方式及指导教师，自主决定活动结果呈现的形式，指导教师只负责对他们进行必要的指导，并不包揽、干涉学生的具体实践活动。

三、综合实践活动课程的目标

由上述特征可以看出，综合实践活动课程是为了有效地发挥各种课程资源的育人价值，促进学生的主动学习、综合学习、探究学习、实践学习，培养他们主动适应社会变化的素质和综合实践能力，把学生在知识与技能、过程与方法、情感态度与价值观三个方面的发展有机融合起来，并有效地促使这些方面得以实现的课程。具体来说，综合实践活动课程的目标主要涉及以下三个层面：

1. 知识层面

表面上来看，综合实践活动课程通过以研究或探究的方式来进行主题活动，以培养学生的探究能力、探究精神为核心，似乎忽略了知识的学习。但事实上并非如此。综合实践活动课程仍然把知识的获得作为自己的重要目标之一，强调知识的获得。这是因为，学生要想在综合实践活动中顺利完成活动任务，必须以必要的学科知识为基础才能实现。而且，综合实践活动课程对知识的关注不仅表现在对陈述性知识的关注，还表现在对程序性知识的关注、对内隐知识或体验性知识的关注。

2. 能力层面

综合实践活动课程在能力层面的目标具有多维性，体现为多个方面的能力的养成。

1）创新能力的养成。可以说，创新精神和创新能力的培养是综合实践活动课程的核心目标。综合实践活动课程要求学生在学习过程中不拘泥于书本，不墨守成规，充分发挥自己的想象力和主观能动性，独立思考，大胆探索，积极提出自己的新思路、新观点等是为了更大程度地激发学生的创新精神和创新能力。

2）研究能力和自主探究能力的养成。综合实践活动课程往往以某一主题的形式展开，在此过程中，学生要具备资料收集、鉴别、分类整理、归纳概括的能力，具备对所要解决的问题提出假设并验证假设的能力、对研究方案的合理性进行评估的能力，并具备进行预测和推理的能力。尽管在此过程中会有教师的指导，但教师的指导不能取代学生的自主，无论是问题的提出，还是研究课题的确立、具体研究的开展及研究报告的提交，都是由学生自主进行的。这实际上也是对学生的研究能力和自主探究能力的培养。

3）交往能力的养成。综合实践活动课程各种基本形式都涉及与他人的交往，有助于学生交往能力的养成。无论是社会实践与社区服务中学会与社会中的人交往，还是在活动过程中学会与小组中其他成员的合作，以及学会解决在学习中出现的冲突和纷争，学会把自己的劳动成果和别人分享并尊重别人的成果等，都会涉及与他人的交往，也都有助于学生交往能力的培养。

4）运用现代信息技术能力的养成。借助于互联网技术的迅猛发展，现代社会已经是一个信息社会。为更好地利用信息技术，培养学生的信息技术能力，综合实践活动课程除了专门安排信息技术教育这一基本形式外，还大力倡导在其他的基本形式中使用信息技术，在通过信息技术丰富综合实践活动课程实施的同时进一步促成学生综合利用现代信息技术的能力。

3. 情意层面

综合实践活动课程在情意方面的目标主要表现在对学生的科学态度和科学精神的培养。具体包括以下四个方面：①培养学生开阔的胸怀，使学生能够通过综合实践活动课程学会尊重差异，尊重他人的想法和成果，具有进行合作和交流的意愿；②培养学生不畏艰辛、勇于克服困难的意志品质，通过综合实践活动课程来养成勇于探索、不断追求进取的精神；③培养学生的社会责任感和使命感，关注人与环境的和谐发展，深入了解科学对自然、社会、人类的意义和价值，形成积极的人生态度；④培养学生崇尚科学、追求真理的精神，通过综合实践活动课程来激发他们的好奇心和求知欲，养成独立思考的习惯和强烈的问题意识等基本的科学素养。

第二节　综合实践活动课程的形式

一、研究性学习

研究性学习是指学生基于自身兴趣，在教师指导下，从自然、社会和学生自身生活中选择和确定研究专题，主动地获取知识、应用知识、解决问题的学习活动。它强调学生通过实践来增强探究和创新意识，掌握科学研究的方法，发展综合运用知识的能力。同时，通过研究性学习转变学习方式，形成一定的积极主动、自主合作探究的学习方式。

在研究性学习中最为核心的活动是开展课题研究或项目探究，即在教师的指导组织下，学生主动地模仿或遵循科学研究的一般过程，选择研究课题，通过调查、观察、测量、文献资料搜集等手段搜集研究资料或事实资料对课题展开研究，在解决问题的基础上撰写研究报告或研究论文。

研究性学习具有以下三个方面的特点：一是以项目、课题、主题或问题为载体，超越严密的学科知识体系和书本中心；二是以"研究"或"探究"为中心的实践性学习活动，强调学生综合实践活动能力、情感、态度和价值观的发展；三是重视学习过程而不是偏重结果的学习活动，强调学生经历和体验或探究的过程。

二、社区服务与社会实践

社区服务与社会实践是学生在教师指导下，走出教室，参与社区和社会实践活动，以获得直接经验、发展实践能力、增强社会责任感为主旨的综合实践学习活动。通过这种学习活动，可以增进学校与社会的密切联系，不断提升学生的精神境界、道德意识和能力，使学生人格不断臻于完善。

社区服务与社会实践活动主要有三个方面的特点：①实践性，要求学生参与到一般的社会实践活动领域之中，亲身参与和经历社会领域的生活或活动；②社会性，要求学生以社会成员的身份，进入实际的社会情境，直接参与各种社会生活和社会活动领域，开展各种力所能及的服务性、体验性的学习活动；③服务性和体验性，要求学生到社区中开展诸如生活服务、家政服务，学校或社区管理服务，参加社区或地方的各种公益劳动、义务活动等多种公益性的服务活动。

三、信息技术教育

信息技术教育不仅是综合实践活动有效实施的重要手段，而且是综合实践活动的重要内容。信息技术教育的目的在于帮助学生发展适应信息时代需要的信息素养。这既包括发展学生利用信息技术的意识和能力，还包括发展学生对浩如烟海的信息的反思和辨别能力，以形成健康向上的信息伦理。

四、劳动与技术教育

劳动与技术教育是以学生获得积极劳动体验、形成良好技术素养为主的多方面发展为目标，且以操作性学习为特征的学习活动。这是一种开放性的学习活动，强调学生通过人与物的作用、人与人的互动来从事操作性学习，强调学生动手与动脑相结合。同时，这一学习活动也要求通过加强信息技术教育，培养学生利用信息技术的意识和能力，使学生了解必要的通用技术和职业分工，从而形成初步的技术意识和技术实践能力等。

最后，关于综合实践活动课程的形式还需要作以下两个方面的说明：一是这四大方面是国家为了帮助学校更好地落实综合实践活动课程而特别指定的领域，并非综合实践活动课程的全部。除了上述指定领域以外，综合实践活动课程还包括班团队活动、校传统活动（科技节、体育节、艺术节）等，各个地方和学校可以根据本地、本校的实际情况进行选择、灵活处理。二是这四大方面在逻辑上既不是并列的关系，更不是相互割裂的关系，而是有机结合的关系：一方面，"研究性学习"作为综合实践活动课程的基础，倡导探究的学习方式，并渗透于综合实践活动课程的全部内容之中；另一方面，"社区服务与社会实践""信息技术教育""劳动与技术教育"则是"研究性学习"探究的重要内容。因此，在实践过程中，四大领域是以融合的形态呈现的，应把这四个方面有机地结合起来。

第三节　综合实践活动课程实施的原则

一、密切联系学生的生活经验和社会发展的实际

综合实践活动课程超越体系化的教材、封闭的课堂，面向自然、面向社会、面向学生的生活和已有经验，在开放的时空中促进学生生动活泼地发展。因此，需要密切联系学生的生活和已有经验，从学生所处的实际的自然环境和社会环境出发，全程开展综合实践活动课程。

二、正确处理学生的自主选择、主动探究与教师的有效指导的关系

学生对课题的自主选择和主动探究是综合实践活动课程实施的关键。因此，在实践中需要从以下四个方面着手：第一，要引导学生形成问题意识，学生要善于从日常生活中发现自己感兴趣的问题；第二，学生要善于选择自己感兴趣的课题；第三，在课题的展开阶段，可以采用多种多样的组织方式，如个人独立探究、小组合作探究、班级合作探究等；第四，在课题的探究过程中要遵循"亲历实践、深度探究"的原则，倡导亲身体验的学习方法。

三、恰当处理学校对综合实践活动课程的统筹规划与活动具体展开过程中的生成性目标、生成性主题的关系

既然综合实践活动课程在一定程度上集中反映了学校的特色，因此学校应对综合实践活动课程进行相应的统筹规划，建议每个学校根据本校和本校所在社区的特色推出三类相互衔接的计划，即"学校综合实践活动课程计划""年级综合实践活动课程计划""班级综合实践活动课程计划"，以更好地统筹学校的综合实践活动课程。

与此同时，综合实践活动课程由于在实施时具有明显的过程取向、生成性特征，还要求在实施过程中并不能完全囿于事先确定好的计划和主题。因此，综合实践活动课程特别强调在活动具体展开过程中产生的生成性目标与生成性主题的核心地位。

四、课时集中使用与分散使用相结合

虽然在新的基础教育课程体系中，综合实践活动课程课时数为平均每周3课时，但由于综合实践活动倡导学生对课题的自主选择与主动探究，因此最适合综合实践活动课程要求的课时安排应该是弹性课时制，既可以将每周的时间集中在一个单位时间使用，也可将几周的时间集中在一天来使用，还可根据需要将综合实践活动时间与相关的学科课程打通使用等。

五、以融合的方式设计和实施三大指定领域，把信息技术与活动的内容和实施过程有机结合起来

对研究性学习、社区服务与社会实践和劳动技术教育三大指定领域以融合的方式进行设计与实施是综合实践活动的基本要求。各学校要根据地方和学校的课程资源、以综合主题或综合项目的形式将研究性学习、社区服务与社会实践、劳动技术教育融合在一起实施，使三大领域的内容彼此渗透，达到理想的整合。

六、加强对综合实践活动课程的管理

综合实践活动课程作为一种新的课程形态，需要通过加强管理来使其作用得到充分发挥：①学校必须从组织建设、人员建设和制度建设等方面着手，从开发、实施到评价对综合实践活动课程进行全程管理；②学校还要因地制宜、因时制宜地改变依靠教材开展课程实施的做法，充分开发、利用各种教育资源来落实课程计划的要求，拓展综合实践活动课程的实施空间；③地方教育行政部门和学校都要十分重视教师培训这一综合实践活动课程有效实施的关键，通过各种形式开展教师培训工作，大力开展教师培训；④教育行政部门要把对学校的管理与对学校工作的指导结合起来，加强对综合实践活动的指导，通过多种形式来帮助学校领导和教师转变教育观念，指导学校切实地、创造性地落实课程计划中的有关要求。

第十一章

校 本 课 程

　　校本课程，即以学校为本位的课程，既是整个课程纵向结构当中的重要一环，也是颇具魅力的课程类型。

第一节　校本课程的由来

尽管世界范围内从 20 世纪中后期开始已经掀起了一股校本课程热潮，但我国和世界其他国家关注校本课程的背景并不完全相同。

一、国际上提出的背景

校本课程最初是伴随着校本课程开发运动而来的。校本课程开发是由菲吕马克和麦克米伦（Furumark & McMullen）两位学者于 1973 年在爱尔兰阿尔斯特大学召开的国际课程研讨会上率先提出的。

校本课程的提出与以下三个方面的背景有关：

1. 对国家课程开发策略体系的不满

校本课程开发的提出与人们对国家课程开发策略日益显现的弊端的认识是分不开的。20 世纪 60 年代中后期开始，美国等国的课程改革运动相继宣告失败，使得课程改革的发起者、研究者和参与者们对课程改革的模式进行质疑和反思，开始怀疑这种由政府发布、学校执行的自上而下的国家课程开发模式的可行性和实效性，认识到必须调整思路，走自下而上的、由学校参与的学校课程开发模式。

2. 全球范围内的教育民主化浪潮

自 20 世纪 60 年代以来，世界范围内出现了一股强劲的反对权力集中，呼吁权力下放的"去中心化"（Decentralization）思潮。教育民主化正是对这一思潮的回应。"教育'民主化'现已成为几乎所有教育革新和教育改革的一项固有的目标。教育'民主化'是目前全球教育系统演变的一个基本趋势"①。在这一趋势下，学校愈益重视自身的管理权限，倡导尊重教师与学生的差异，追求师生之间的平等关系的实现等。校本课程就成为学校的上述要求、愿望得以实现的重要载体。

3. 教师专业自主成长的需要

1966 年国际劳工组织和联合国教科文组织联合发表的《关于教师地位的建议》中提出："教育工作应被视为专门职业"②。这实际上也就表明了教师是一个专业工作者，拥有专业自主权，能够对自己专业内的事物有充分的决定权。校本课程既是教师专业自主权的体现，也可以满足并提高教师的专业自主权。另外，教师专业自主权的出现还要求教师要不断地提高自己的素养，才能真正用好这种专业自主权。对此，斯腾豪斯非常响亮地提出了"教师即研究者"的主张，要求教师不断地走自主成长的道路。校本课程及其开发作为促进教师不断成长的助力器而备受关注。

二、我国提出的背景

相对于国外 20 世纪中后期就已经关注校本课程而言，我国对校本课程的关注从总体上来看要晚了一些。就笔者视野所及，国内最初由人民教育出版社的原总编吕达同志在 20 世纪 90 年代率先使用了与今天所说的校本课程类似的"学校课程"一词③，揭开了我国关于校本课程研究及实践的序幕。

我国提出校本课程的背景主要有两个方面：

1. 对整个世界范围内课程校本化趋势的回应

如上所述，世界范围内在 20 世纪 70 年代已经掀起了课程校本化的热潮。几乎与此同时，我们国家在社会的各个方面、各个行业大力推行改革开放，在了解借鉴的基础上吸收学习国外的先进理念、优秀经验。教育领域也不例外，也在同期对国外的优秀的教育思想进行了引进改造与消化吸收。校本课程最初被提出在很大程度上应是这种大背景下对世界范围内课程校本化趋势的一种回应。

---

① 加斯东·米亚拉雷，让·维亚尔 . 世界教育史：1945 年至今 . 张人杰，等，译 . 上海：上海译文出版社，1991：313-314.
② ［日］筑波大学教育学研究会 . 现代教育学基础 . 钟启泉，译 . 上海：上海教育出版社，1986：443.
③ 吕达，等 . 独木桥？阳关道？——未来中小学课程面面观 . 北京：中信出版社，1991：247-260.

2. 对我国过于集中、僵化的课程管理弊端的改进

众所周知，长期以来我国的课程管理主要集中在国家层面。从保证国民基本素养，确保教育质量的角度来看，固然无可厚非。但也在客观上与我们这样一个幅员辽阔、人口众多、条件各异的大国并不相适应，难以满足和照顾到各个地方，特别是学校的实际情况。在这样的背景下，国家逐步把部分课程管理权力，特别是课程开发的权力下放给了地方。1988 年，原国家教委在《九年制义务教育教材编写规划方案》中提出"要从我国经济文化发展的不平衡的国情出发，在统一基本要求、统一审定的前提下，逐步实现教材的多样化，以适应各类地区……经审查通过的教材，在教育行政部门指导下，学校的校长和教师根据本校的实际情况选用"，使地方获得了进行地方课程开发的可能权力。校本课程则是在这一基础上对课程管理的进一步优化，力图改进我国过于集中、僵化的课程管理状况。

第二节　校本课程的内涵

一、校本课程的概念

研究者们对校本课程的理解各不相同。如有研究者认为，"校本课程是以学校为本位的课程开发，其着眼点在于为了学校，基于学校，从学校出发"[1]。也有研究者认为，"校本课程是学校自行规划、设计、实施和评价的课程"[2]。由此可以看出，研究者们虽然对校本课程的具体理解不一，但却都强调校本课程必须从学校的实际出发，由学校作为校本课程开发、实施等活动的主体。根据这一共识，结合有关课程设计的思想，这里把校本课程定义为学校在确保国家课程和地方课程有效实施的前提下，根据本校学生的合理需求，充分利用当地社区和学校的课程资源而开发出多样性的可供学生选择的课程类型。这表明校本课程有以下三个方面的要义：

1. 实施校本课程的重要前提之一是国家课程和地方课程必须有效实施

这也就意味着校本课程不能"反客为主"，取代国家课程和地方课程。恰恰

---

[1]　郑金洲. 校本：教育改革的新走向. 中国教育报，2000-05-06（4）.
[2]　王斌华. 学校自编课程. 外国教育资料，1999（4）.

相反，校本课程只能是在国家课程、地方课程确保有效实施的前提下，才可以开发、开设的课程。而且，校本课程只能是国家课程、地方课程的有益的、必要的补充，不能与之相违背、冲突。

2. 开发校本课程的主体是学校

这也就意味着在进行校本课程开发时，必须由学校做主，由学校负责。当然，由于学校自身条件的限制，不排除学校在进行校本课程开发的过程中需要借助外部力量的帮助，与学校之外的相关人员、部门或机构等开展合作。但在合作的过程中必须确保学校的主体地位，坚持从学校出发、为了学校的原则来开展合作，恰当处理合作双方的权利与地位。

3. 校本课程必须充分考虑学校所能享有的课程资源

可以说，学校所能享有的课程资源的数量、类型等是进行校本课程开发的关键。不同学校所开发的校本课程各不相同的原因在很大层面上都是由学校所能拥有的课程资源的不同来决定的。

二、校本课程的特点

1. 授权性

学校作为校本课程开发的主体，开展校本课程的开发及管理等相关活动是学校根据国家有关的法律、法规来进行的授权性法律行为。如上所述，校本课程的出现只是晚近以来的事情。此前，学校只是承担部分课程实施的责任，保证国家有关课程得到实现，并不具有进行课程开发的权力。现在，为了更好地实施国家有关课程，充分调动学校的积极性，尊重地区差异、校际差异，国家通过法律、法规等形式，把自己有关课程开发的部分权力让渡给学校，允许他们因校制宜地开发、开设符合学校实际情况的课程。

2. 规范性

校本课程的规范性主要表现在以下两个方面：一是由如上所述通过授权性而来的规范性。这也即校本课程的开发、开设等相关的各项活动必须符合有关课程开发的法律、法规的规定，不能与法律、法规的规定相违背。二是指学校所开发出来的校本课程在学校范围内具有约束性，要求相关的人员，如教师、学生等都必须遵照执行，并不能自行其是，随意增加或减少课程的内容、时数，提高或降低课程难度等。

3. 科学性

校本课程虽然是由学校基于其所能享有的课程资源而自行开发、开设的课程，尽管其复杂程度不及国家课程开发那样复杂，但也同样必须遵循课程开发的基本程式，符合科学性的要求，如校本课程的目标要合理、校本课程的内容要准确、校本课程的实施要可行等。

4. 多样性

校本课程的多样性表现在两个不同的层面上：一是指不同的学校所开发、开设的校本课程各不相同，从而使得校本课程在总量上呈现为多样性。如前所述，校本课程是根据学校所享有的课程资源来进行开发的，而不同的学校在其所享有的课程资源的总量、类型等方面都存在实然的差异，从而使得校本课程呈现出多样性。这种多样性甚至还表现为在同一个地方，甚至同一个社区的学校之间的校本课程也不完全一样。二是校本课程的多样性还表现为有些学校由于规模较大，占有的课程资源多样等方面的原因，在学校内部开发出多门校本课程。这也同样可以看作是校本课程多样性的反映。

5. 动态性

校本课程在开发出来后并不是一成不变地在学校里施行。恰恰相反，校本课程会随着学校所享有的课程资源、实施课程的条件等方面的变化而变化。这种变化既表现为对校本课程的修订、补充、完善，也表现为对已有校本课程的废止，另开新的校本课程等。

6. 灵活性

校本课程的动态性已经表明校本课程同时还具有灵活性的特征，即校本课程在实施过程中会根据具体的条件进行灵活变通，以提高校本课程的实施质量，充分发挥校本课程的价值。

第三节　校本课程的类型

一、根据课程实施形态的划分

根据课程实施形态，可把校本课程分为课程选择、课程改编、课程整合、课程补充、课程拓展和课程新编六种。

1. 课程选择

这是校本课程实施中最为普遍的形式，是指从众多可能的课程方案中挑选出本校将付诸实施的课程。这主要是通过提供可选课程清单的方式供学校或教师进行选择。

课程选择有两个方面的关键：①要有足够数量的可供选择的课程。课程选择的首要前提是要有可以选择的空间。这也即要有一定数量且水平相同而又各有特色的课程。②要有明确的课程选择标准，或者说是具体课程选择的技术指标。一般来说，在进行课程选择时主要考虑以下四个方面[①]：①结构性，即所选课程要有一个传递信息的最佳知识结构和话语结构；②一致性，即课程中各种观念的关系要明晰，从一个观念到另一个观念具有逻辑联系；③完整性，即课程的一个单元要实现一个明确的目标；④适切性，即课程要符合和适应学习者的知识基础和其他背景。

2. 课程改编

课程改编是指针对与原有课程准备对象不同的群体进行学程上的修改，以适应当前课程作用对象的需要。校本课程开发中的课程改编主要表现为教师对正式课程的目标和内容加以适当的修改以更好地适应他们的具体的课堂情境。当然，这也包括某些学校对国外引进课程的翻译和本土化改造。

在进行课程改编时需要综合考虑以下五个方面的内容[①]：①目标调适；②内容选择；③内容重组；④学习经验；⑤学习资料。课程改编就是对这五个方面通过增加、删减和顺序调整等方式实现对相应的课程进行改动，从而更好地适应学校和班级的具体情况。

---

① 吴刚平．校本课程开发活动的类型分析．教育发展研究，1999（11）．

3. 课程整合

课程整合是指超越不同的知识体系而以关注共同要素的方式来对课程进行重新的统筹安排。因此，课程整合是为了减少知识剧增对课程数量的影响，通过加强知识间的融合，减轻学生过重的课业负担。

关联课程和融合课程是课程整合常用的两种方法。其中，关联课程不仅考虑单个学科的逻辑结构和排列顺序，而且全面考虑两门相邻学科之间的关系，使它们的教学顺序能够相互照应、相互联系。融合课程则不仅要加强两门以上相邻学科的联系，而且要把这些相邻学科的内容糅合在一起，从而形成一门新的学科。因此，关联课程是学科间相对狭窄的联系，还保留着各自的学科领域，而融合课程则是学科间相对紧密的联系，使不同学科呈现为一门学科。

4. 课程补充

课程补充是指学校或教师为更好地实施国家课程和地方课程而对相关的课程资料进行补充的校本课程类型，有矫正型补充和提高型补充两种亚型。通过课程补充，有助于更好地实现内在于国家课程及地方课程中的课程目标。课程补充所需的材料既可以通过市场来进行购买，也可以由教师自行编制。

5. 课程拓展

课程拓展是指以拓宽课程的范围与深度为目的而进行的校本课程开发。课程拓展的目标是通过拓宽和加深国家课程和地方课程，为学生提供获取知识、内化价值观和掌握技能的机会。由于提供的材料与学生所学的课程内容有关，但却又超出了正规课程所覆盖的广度和深度，故名为课程拓展。

课程拓展一般可分为正规课程的延伸和个别化拓宽两种类型。前者是为了更有利于学生的发展用一些程度加深的课程内容来代替原来的正规课程，后者是为学校或班级中的部分同学而不是整个集体准备的课程材料。

6. 课程新编

课程新编是指由学校来开发出全新的课程板块、课程单元、课程方案等的校本课程类型。从某种意义上来说，或许这才是真正的校本课程。在进行课程新编的过程中，必须注意以下两个方面：①必须遵循课程设计的科学程式，不能仅凭个人尤其是校长或其他主管人员的主观意愿靠拍脑袋来进行；②必须根据学校所享有的课程资源来进行开发，不能脱离学校课程资源的现状，仅仅为开发而开发。所有这些都要求课程新编要在充分调查研究的基础上来进行。

二、根据显隐程度的划分

根据显隐程度可以把校本课程划分为显性的校本课程和隐性的校本课程两种。

1. 显性的校本课程

顾名思义，显性的校本课程是指以外显形态呈现的校本课程，是学校通过一定的方式，经过较为严格的论证而开设出的既能反映学校特色又能满足学生合理需求的专门化的校本课程。从某种意义上来说，这也可以说是最为一般意义上的校本课程。

一般来说，显性的校本课程必须通过周密的论证、经由科学的方式来进行设计。

2. 隐性的校本课程

与显性的校本课程相对，隐性的校本课程则是并没有专门化的形态呈现，但却伴随着一些显性的专门化形态的课程在实施中真实地存在并发生着影响的校本课程。这种类型的校本课程又有两种亚型：一种伴随着国家课程、地方课程的实施而出现，一种伴随着学校开发的显性的校本课程的实施而出现。事实上，任何显性的课程形态在实施过程中都会出现相关人员基于自己的经验来对课程进行相应的加工，以至于虽然大家使用的从形式上来看都是相同的国家课程、地方课程、校本课程，但事实上却是加入了鲜明的主体色彩的各不相同的校本甚至师本、生本化的课程。

第四节　校本课程的开发

一、校本课程开发的条件

1. 独特而明确的教育哲学观和办学宗旨

虽然国家对于各级各类学校的培养目标和培养规格都有统一的规定，但这些规定只是最基本的原则性要求，不可能全面地照顾到各地、各类、各级学校的具体特殊性。而且，千人一面、千篇一律的培养目标和培养规格也很难满足当今时代丰富多样的社会发展和个人发展需求。这就要求学校要有自己独特的教育哲学观和办学宗旨，亦即学校要根据具体的师生特点、教育资源和学校环境以及教育者的办学旨趣在遵照培养目标的前提下确立自己学校独特的发展方向。

2. 民主开放的学校组织结构

由于校本课程开发是学校基于本校的教育哲学观进行的活动，所以只有在学校自愿的基础上，通过开放的横向交流体制来保障信息的交流与分享。这种开放的横向结构需要具备广泛而通畅的交流渠道，能够分散权力，有利于小组工作和小组内部以及小组之间的良好沟通。而且，在这个结构中，人们正式接受领导的根据是基于专业能力的认同，而不是仅仅凭借权力。因此，形成民主开放的组织结构是学校进行校本课程开发的关键。

3. 体现学校教育哲学观和办学宗旨的支持系统

为了有效地进行校本课程开发，还必须建立起与学校教育哲学观相适应的、起着支持作用的系统，如教师系统、学生系统和课程专家系统等共同致力于校本课程的开发。

4. 建立规范的内部评价与改进机制

由于校本课程开发是由学校自主进行的，而且校际间各不相同，所以国家很难采用类似于外部统一考试等评价手段来评价校本课程的实施成效。因此，校本课程开发除了通过教育行政管理部门、中介机构的评估外，还更多地需要依靠学校进行自觉自律的自我评价，不断地反思校本课程开发过程中出现的各种问题，自我批评、自我激励、自我改进，保证校本课程开发的健康顺利运行。因此，建立较为规范的自觉自律的内部评价与改进机制，是一所学校成功地进行校本课程开发必不可少的重要条件。

5. 合理地利用并开发课程资源

不同的学校之间无论在课程资源的总量、类型、素材等方面都有着明显的差异。这就需要在进行校本课程开发的过程中必须考虑学校所能获得的各种课程资源，对之进行合理开发、综合利用。在此过程中，必须注意优先性和适应性两个方面。前者主要表现为由于学生需要掌握的东西很多而学校所能提供的教育却是有限的，必须在课程资源范围内，考虑课程成本的前提下突出重点，优先选择其中的某些课程资源开发为校本课程；后者主要表现为校本课程开发不仅要考虑本校学生之间的共同性，还要考虑学生之间的个别性，以及教师的素养等，使开发出来的校本课程能够在学校里真正地运行起来，真正地促进所有学生的发展。

二、校本课程开发的方式

1. 合作开发

合作开发是指"外部开发者"与"用户开发者"联合起来进行的校本课程开发。在具体的实践中这种校本课程开发方式有以下四种具体的形态：

1）校际合作。一些教育哲学观与宗旨相近、空间区域跨距较小、课程资源大体相同或互补的学校可以相互联合起来进行校本课程开发。比较常见的校际合作方式主要有三种：①互补整合式。是指各学校在明确课程开发的目标与原则后，对同一课程进行单独开发，然后对各自开发的结果进行整合补充，加以完善；②流线作业式。是指合作学校各自承担课程开发计划中的不同部分，最后加以整合，实现成果共享；③合并交叉式。是指先把联合起来进行校本课程开发的人员合并在一起，然后分成若干个课程开发小组，每个小组负责不同部分的开发任务，最后把各个小组的开发成果汇总成校本课程。

2）专家—学校合作。由于课程专家拥有较丰富的课程理论知识，可为学校课程开发提供理论指导，而同时学校虽然具有可开发的资源优势，但却缺乏开发的理论准备性而难以独自进行校本课程的开发。因此，校本课程开发还可以把双方的优势结合在一起，联合起来进行。当然，合作双方在进行校本课程开发时必须遵循平等、互利的合作开发原则。平等是指合作双方在地位上是平等的。无论是合作的学校还是合作的专家都不能单方面地仅凭自己的一厢情愿而简单地否定、忽视对方的意见、建议。互利则是指专家与学校通过合作，在把双方的优势最大限度地充分发挥出来的基础上，分别获得各自的收获：对于专家来说，收获主要表现为自己的课程理论能够在实践中运用，并获取课程实践的真实信息；对于学校来说，通过专家的指导，开发出完备的校本课程，并提升学校进行课程开发的素养。

3）研究机构—学校合作。当学校进行规模较大、难度较高的校本课程开发时，应与一些研究机构联合起来进行。这是因为在研究机构中往往会有多方面的专家，具有专家群体优势，这些专家群体往往具有系统开发和研究的能力。

因此，从某种意义上来说，这是专家—学校合作方式的扩展。在专家—学校合作中，只是个别专家与学校的合作，而在研究机构—学校合作中则是一个专家群体在与学校进行合作。

4）教育机构—学校合作。教育机构作为学校的管理部门，除了担负行政管理的职能外，还承担着对学校进行指导的职能。通过与学校联合进行校本课程开发就是其中的指导方式之一。教育机构可以对学校进行校本课程开发提供财力、物力乃至于人力的支持，通过在本辖区范围内对一些课程资源进行调配，有助于学校进行校本课程开发。需要说明的是，在进行校本课程开发合作的过程中，教育机构更多的是与学校进行磋商和协调，而不是横加干涉和指责。

2. 生成开发

生成开发是指在课程实施过程中，由师生在具体的实践场景中通过与各种实有课程的互动而进行的突破和创新等开发出来的课程。

关于课程实施过程中的课程生成、开发问题，可以说没有比古德莱德的理解更为深刻的了。按照古德莱德的理解，在课程实施过程中，由于不同主体之间在意识、素养等方面的差异将会使同一静态的、文本化的课程在实践中呈现出千差万别，甚至有些时候还会出现截然相反的情形。尽管古德莱德只是从一般的课程实施过程来进行理解的，但事实上这种理解也同样渗透、呈现在校本课程的开发中，也可以称作是基于学校的课程开发。

具体来说，这种生成开发的方式主要有以下五个环节：①教师先要根据学生的需求进行初次课程设置，包括对课程进行必要的删减和增加；②学生通过教师对初次课程设置的实施，用自己的方式对之做出自己的回应，提供相应的反馈和建议；③教师通过学生对自己初次课程设置的反馈进行重新思考，进一步补充完善；④教师根据学生的反馈，结合自我反馈，对初次设置的课程进行再次设置；⑤再次设置的课程重新投入到课程实践中运行，获得学生的反馈和教师的自我反馈，对之进行再次的调整、完善，使之更加合理。

在这种师生之间不断围绕实有课程进行的交互、生成的过程中，教师对课程进行设置的能力不断得到提高，逐步减少一次次进行重置的次数和环节。在不断提升教师专业能力的同时，提高校本课程开发的质量，保障校本课程的良性运行。

三、校本课程开发的流程

1. 明确理念

这里的理念是指学校根据对国家的有关教育目的、教育方针、政策和培养目标的理解，结合学校自身的实际情况与时代特色所确立的具体的学校教育哲学、学校教育宗旨与学校教育目标等。这实际上也就是要确立学校的明确而独特的教育哲学观和办学宗旨。而这恰恰又是校本课程开发的重要前提。因此，校本课程开发必须首先明确具体的开发理念，确定校本课程开发的方向，凝聚教育合力，形成学校特色。

一般来说，常用的明确理念的做法主要有以下五种：①定义，通过概念界定的方式把本来模糊的、笼统的理念明晰化；②总结，通过对多而散的学校办学理念进行总结，使之系统化、特色化；③提升，把一些停留在感性或经验阶段的理念上升到理性或理论层次，以统领整个办学方略；④创立，根据教育的时代精神和学校的具体实际创立新的理念来统领学校的办学宗旨和办学实践；⑤引入，既可以根据本校的实际情况，把其他与本校实际情况相近而又很有特色的学校的理念引入到本校，也可以根据学校的实际把一些专家富有智慧的教育理念引入到学校中来。

2. 需求分析

在明确了学校的理念后，还需要对校本课程所涉及的各相关方面的需求做出分析，以便使校本课程能够更好地满足各方的实际需要。一般来说，主要包括对学生需求、社区需求和社会需求三个不同的层面。对学生需求的分析，涉及学生的知识需求和心理发展需求。前者表现为学生对知识本身、获取知识的方式、途径等的需求和看法；后者表现为学生健全心智、丰富人格、走向成熟的内在愿望和渴求。同时，由于现代学校的开放性及其与社会和地区的一体化越来越明显，所以在进行校本课程开发的过程中，还应考虑地区需求和社会需求，考察地区乃至社会在经济文化等方面发展对人才和信息的需求状况及特点，以期开发出既满足学生需求又有利于地区和社会发展的校本课程。

3. 资源评估

如前所述，校本课程与课程资源关系密切相关，是根据学校所拥有的课程资源来进行的。因此，在进行校本课程开发时还需要对本校所能拥有的一些课程资源进行评估。一般来说，校本课程开发时着重要评估的资源主要涉及信息资源、能力资源和物质资源等三个方面。

信息资源为校本课程开发提供源头活水和信息支持，离开了它校本课程开发就成了"无源之水，无本之木"。对信息资源的评估，涉及信息来源渠道、信息存储方式和信息效能效果等方面。能力资源是指教师的专业能力和学生的学习能力。前者包括教师的专业素养、开拓意识、创新能力和课程开发能力，而后者包括学生的现实学习能力和潜在学习能力。校本课程开发是以教师和学生为核心来进行的。因此，他们的能力状况直接制约着校本课程开发的深度和价值。物质资源是指在校本课程开发中学校可提供的场地、设施、设备及经费支持，是校本课程开发的物质基础。

另外，除了上述对学校的资源进行评估外，还要对社区可利用的资源进行评估，以期在学校和社区之间形成一个良好的校本课程开发的资源环境。

4. 实施开发

学校在理念明确、需求分析和资源评估之后，开始根据理念、需求和资源等方面的具体情况，遵照校本课程开发的方式、模型，着手进行具体的校本课程的开发。这直接影响到校本课程开发的质量，因此必须对之给予高度的关注。

5. 优势评价

为进一步提高校本课程的质量，更好地反映学校特色，还需对校本课程进行优势评价，使学校对自己的优势更加明了、办学理念更好地得到实现，能够更好地扬长避短，在校本课程开发中取得事半功倍的效果。

第十二章

隐 性 课 程

　　隐性课程是对教育活动中一些无形却又对受教育者产生重要影响的介质从课程的视角所做的统称。因此，它不像国家课程、学科课程等具有明显的外显形态，而是一种比较独特的、没有明显的外显形态的课程类型。

第一节　隐性课程的研究

一、隐性课程的由来

　　隐性课程一词的来源存在着两种不同的观点[①]：一种认为是杰克逊（Jackson，P.）于 1968 年在其《课堂中的生活》中提出的；一种认为是由奥弗利（Overly，N.V.）于 1970 年在其所编的《自发课程：及其对儿童的影响》一书中提出的。

　　事实上，有关隐性课程最早在杜威的教育思想中就已经有了比较明确的表述，只不过他没有率先使用隐性课程一词，而是使用了与隐性课程含义颇为相同的"同时学习"罢了。在他看来，学生从正规学习的经验或知识中所学到的只是其所学习的一部分，另一部分就是伴随着正规的学习同时产生的经验，即所谓的"同时学习"。这种学习主要是有关情意方面的学习，比正规学习更重要。"也许当今教学上最大的失败是：仅在特定的时间教给学生特定的东西。同时学习（指态度、爱好）可能比学校中有关阅读、地理、历史的学习更重要，因为这些态度是面对未来生活最根本的"[②]。杜威之所以重视"同时学习"是为了"要在正式的与非正式的，偶然的与有意的两种教育形式之间，保持恰当的平衡的方法"[③]，而不能厚此薄彼。

　　克伯屈继承了杜威的"同时学习"的思想，提出了"附学习"的思想。在他看来，"除了旧式学校规定要学习的算术或者历史或者地理以外，每个学校儿

---

① 施良方.课程理论：课程的基础、原理与问题.北京：教育科学出版社，1996：265.
② 约翰·杜威.我们怎样思维·经验与教育.姜文闵，译.北京：人民教育出版社，1991：271.
③ 约翰·杜威.民主主义与教育.王承绪，译.北京：人民教育出版社，2001：14.

童还对教师、学校、儿童自己、学科产生思想、感情和得出结论"①。因此,"附学习",是伴随着正式学习所获得的态度、情感、兴趣和信念等。克伯屈认为,之所以会出现"附学习",是因为"在任何的重要经验中,人类有机体都以一个有组织的整体来活动。思想和情感,内分泌,心脏和神经,所有这一切都一起活动。这样,每一个经验都是许多相互作用的部分和方面之复合体"①。

虽然杜威和克伯屈使用了两个不同的术语,但却表达了大体相同的含义,即意在对学习过程中自发的或自然而然产生的态度、情感、信念、兴趣等方面的结果给予关注。

需要说明的是,如果从隐性课程的实然存在及其被关注的视角来看,早在古代的时候就已经伴随着显性课程出现了。在我国古代教育家孔子等、古希腊教育家苏格拉底、柏拉图等人的思想中已经有了关于隐性课程的粗浅认识。对此,英国课程论专家巴罗(Barrow,R.)曾指出,隐性课程"从柏拉图时期开始就有记载"②。只不过在这个时期人们对隐性课程仅有的一些初步认识较为零散,尚未系统化。

二、隐性课程的研究路径

自隐性课程提出以后,对之的研究也如火如荼地展开,形成了多种研究视角。对这些研究可分别从研究焦点和研究流派两个方面来进行把握。

1. 研究焦点

从研究焦点来看,隐性课程的研究主要涉及以下三个方面③:

1)关于隐性课程的社会化研究。一些研究者认为,不同学校的组织特征会潜移默化地使学生接受社会的价值,并使其成为学生固有的品质和个性的一部分。所以,他们一般都强调学校气氛和班级气氛的重要性,认为不同的气氛可能会造就不同的学生。

2)关于隐性课程的社会知识学研究。一些研究者认为,知识是社会组织的产物,并不完全呈现为中立取向,所以学校总是会选择特定种类的知识并把它们组织进课程之中。为此,他们试图通过对知识的剖析来揭示权力分配与社会

① 华东师范大学教育系,等.现代西方资产阶级教育思想流派论著选.北京:人民教育出版社,1980:66.

② 钟启泉,张华.课程与教学论.广州:广东高等教育出版社,1999:247.

③ 施良方.课程理论:课程的基础、原理与问题.北京:教育科学出版社,1996:266-277.

控制的现象。

3）关于隐性课程的其他主张。如柯尔伯格认为隐性课程可以作为促进学生道德成长的手段；沃尔夫和西蒙认为，隐性课程是消除种族隔离的一个决定性因素；麦圭尔与克什认为学校设置的许多课程与其说是为学生服务，不如说是为校外特殊利益集团服务。

2. 研究流派

从研究流派来看，可把隐性课程的研究划分为基于结构功能主义和基于批判理论两种不同的研究派别。

从结构功能主义的视角对隐性课程进行比较系统研究的当数杰克逊。他在1968 年出版的《班级生活》一书中指出，构成班级生活的稳固要素有三个：即群体、表扬和权力。群体表明班级是一个由几十名学生组成的群体，其中充满了各种各样的规则；表扬表明班级是一个评价性的情境；权力表明班级是一个权力、地位高低分明的情境。杰克逊通过对这三个要素的分析说明学校、班级生活中蕴含的、促进学生社会化的非学术性经验的客观存在。

从批判理论视角对隐性课程进行研究的研究者们认为，学校和班级生活中不但确实存在着复制社会阶级结构和经济结构的现象，而且同时也把不平等的结构复制到课程当中，使之以"霸权"的形式发挥着控制功能。因此，必须把这种现象揭示出来，使课程产生激进的变革，从而指向社会公正与人的解放。在具体的探讨过程中又形成了强调"再生产性"与突出"抵制性"两种见解。前者主要以鲍尔期和金蒂斯（Bowels, B. & Gintis, H.）为代表，认为学校借助于隐性课程中包含的特殊信息把维持资本主义逻辑和合理性的特殊的价值观、社会规则观、权威观和劳动观得以合法化，不仅"再生产"了劳动的社会分工，而且"再生产"了更广泛的社会阶层结构。后者主要有阿普尔（Apple, M.W.）、吉鲁（Giroux, H.A.）、威利斯（Willis, P.）等。其中，阿普尔的研究颇为引人注目。他认为隐性课程是发挥着"霸权"功能的日常意义体系，实现着特定的意识形态的"再生产"。他针对泰勒课程原理中的四个所谓经典问题也提出了四个很有代表性的问题：①这是谁的知识？②知识是由谁来选择的？③为什么要这样组织知识，并以这种方式来教？④这对这个特定的群体是否有利？这些问题的回答更为深刻地揭示了隐含于学校教育和课程中的阶段、性别和种族不平等的产生机制。

总的来说，这些不同视角对隐性课程的探讨，不仅丰富、深化了隐性课程自身的研究，而且也有助于人们对显性课程的进一步思考，尽最大可能避免一些本不应该出现的问题，最大化地促进受教育者的发展。

第二节　隐性课程的内涵

一、隐性课程的概念

人们对隐性课程的定义并不完全一致。从称谓上来说就有隐性课程、潜在课程、隐蔽课程、无形课程、自发课程等。从定义上来说则有更多各不相同的定义。这里从中撷取若干：

"潜在课程一词，是指学校教育的非学校结果，这些结果不但重要而且系统发生，但未明示于各级各类学校的教育理论或原理之中"[①]。

"潜在课程是指那些在课程指导和学校政策中并不明确的学校教育实践和结果……潜在课程也许被认为是不公开的、非预期的、隐含的或未被认识的"[②]。

"潜在课程是学校或学校以外的教育环境中，产生的某些结果或副产品，特别是那些学生已经学到、但未公开宣称为有意产生的学习态度"[③]。

隐性课程是指"学生在学校情境中无意识地获得的经验"[④]。

隐性课程是"课内外间接的、内隐的，通过受教育者无意识的、非特定心理反应发生作用的教育影响因素"[⑤]。

隐性课程是指"学校（含班级）社会关系结构以及学校正规课程有意无意传递给学生的价值、态度、信仰等非学术性的知识"[⑥]。

隐性课程是"学校通过教育环境（包括物质的、文化的和社会关系结构的）有意或无意地传递给学生的非公开性的教育经验（包括学术的和非学术的）"[⑦]。

上述对隐性课程的定义虽然各不相同，但也有着明显的共性：

1）隐性课程从总体上来说是相对于各种有着明确要求或外显形态的课程文件如课程计划、课程标准、教材等而言的课程类型之一。因此，隐性课程虽然是隐性的，但并不排除其中有部分依附于显性的物质材料而呈现出来的情况。

[①] 靳玉乐.现代课程论.重庆：西南师范大学出版社，1995：356.
[②] 靳玉乐.现代课程论.重庆：西南师范大学出版社，1995：356-357.
[③] 靳玉乐.现代课程论.重庆：西南师范大学出版社，1995：357.
[④] 郑金洲.隐蔽课程：一些理论上的思考.比较教育研究，1989（1）.
[⑤] 班华.隐蔽课程与个性品德形成.教育研究，1989（12）.
[⑥] 唐晓杰.西方"隐蔽课程"研究的探析.华东师范大学学报（教育科学版），1988（2）.
[⑦] 靳玉乐.潜在课程简论.课程·教材·教法，1993（6）.

2）隐性课程对于学生的成长具有非常重要的影响，既可以影响到学生在学术性方面的发展，也可以影响到学生在非学术性方面的发展。而且，这种影响往往还更为深刻、持久。

3）隐性课程是一个非常值得关注的课程领域。由于隐性课程对学生成长的重要影响以及其对学生影响的特殊性，需要引起人们的高度关注，值得人们进行深入的研究。

4）隐性课程的表现形式多种多样。从大的方面来看，隐性课程可从物质、文化和关系的角度划分为物质的、文化的和社会关系结构的等多种形式。而且，每种形式下还可以进行进一步的细分，如物质方面就可以划分为学校建筑布局、教室空间创设等。

5）虽然隐性课程自身是隐性的，但就人们对其的把握、认识来看，却往往是通过显性的、有意识的方式来进行的。这也即隐性课程是隐性的，但对隐性课程的研究和认识则是显性的。

二、隐性课程的特点

1. 内隐性

从上述撷取的定义可以看出，隐性课程不是通过直接、公开地告知的方式，而是通过间接、无意的方式使有关道德方面、审美方面等作用于受教育者，使他们在不知不觉中获取有关教益。而且，这也可以说是隐性课程之所以得名的重要原因之一。

2. 非预期性

所谓非预期性，是指人们在主观意识中虽没有滤及但却真实地发生的结果。就隐性课程的非预期性来说涉及两种不同的情况：一种是人们真的没有预料到、或者根本没有想到隐性课程会呈现的行为或结果；另一种是因人们认识到了隐性课程的非预期性特点，有意通过一些预期的方式来实现非预期的效果。尽管后者由于加入了人们的主观意愿，是通过某种预期的方式来实现预期的非预期结果，但除了会收获所谓预期的非预期结果外，也还会收获一些预期的非预期结果范围外的结果。因此，这两种情况都表明了隐性课程的非预期性，只不过前者非预期的成分可能会多一些，而后者非预期的成分可能会少一些。

3. 整体性

一方面，隐性课程对受教育者影响是以整体的方式共同作用于受教育者身上；另一方面，隐性课程的影响效果也是整体性的，不仅影响着他们的情感、意志、态度等非认知性心理发展，而且也影响着他们的思维方式、思维风格等认知心理的发展。

4. 广泛性

隐性课程的广泛性涉及两个不同的方面：①隐性课程的对受教育者的影响的广泛性。如上所述，不仅影响其非认知层面，而且还影响其认知层面；不仅表现为对他们当前发展的影响，而且还表现为对他们以后的发展的影响。②隐性课程作用方式的广泛性。隐性课程既可以附着于显性课程，伴随着显性课程的实施而获致超越具体的显性课程的内容，也还可依附于诸如物质、文化、组织等一些特定的载体来实现对受教育者的影响。

5. 弥散性

相对于显性课程由于课程目标的约束而带有明显的指向性、集中性而言，隐性课程无论在实施过程中还是在效果表现中都没有明确的指向。尽管隐性课程对个体的发展具有非常重要的影响，但其所产生的影响本身往往无法测度、难以捉摸。

6. 两分性

隐性课程对受教育者所产生的影响既有可能是积极的，也有可能是消极的。因此，必须通过创造条件来尽可能地克服其消极影响，最大限度地发挥其积极影响。而对隐性课程的研究实际上也正是为了更好地化解其消极性，利用其积极性。

三、隐性课程的作用

隐性课程的提出实际上就是人们对于课程实践中一些以潜隐的、非预期的、非公开方式存在着的但却又实实在在对受教育者产生影响作用的因素的认识。这实际上就是对隐性课程的作用的认识。而且，随着对隐性课程认识的逐渐深入，对其作用的认识也在同步逐渐深入。

概略来说，隐性课程的作用主要表现为以下三个方面：

1. 有助于受教育者的成长

如上所述，隐性课程之所以被提出，很大层面上就取决于隐性课程的先导者们对其在受教育者身上发生的影响的认识。在最初，只是简单地将之概括为与显性课程相伴而生的对受教育者产生的影响。后来，人们甚至认为，隐性课程对受教育者的影响并非仅停留在这种伴随的层面上。在有些时候，甚至起着更为根本的影响作用。

2. 有助于显性课程的实施

虽然隐性课程是与显性课程相对的课程形态，但并不意味着两者截然对立。已有研究指出，隐性课程与显性课程存在着多种可能的形态，除了逆反关系以外，并列、递进、转换、互补等关系形态都表明隐性课程对显性课程具有重要的促进作用。因此，隐性课程不但有利于显性课程的实施，而且还对显性课程起到促进作用，特别是有助于显性课程的实施。

3. 有助于教育活动的丰富

隐性课程不但扩展了人们对于课程的观念，也拓展了开展教育的素材，把一些物质情景、文化情景、人际情景，如校校貌、校舍、设备，校园文化、教室布置、各种仪式，校训、校风、学风以及师生关系、同学关系等都纳入到教育活动中来，通过无处不在、无时不有的方式对学生的身心发展产生潜移默化的影响。

第三节　隐性课程的分类与表现

一、隐性课程的分类

根据不同的标准可以对隐性课程进行不同的划分。

1. 根据显隐程度的划分

根据显隐程度隐性课程可以划分为显性的隐性课程和隐性的隐性课程。其中，显性的隐性课程又有两种亚型：一是依附于显性课程，在显性课程中表现出来的内蕴于显性课程之中的以隐性方式呈现的对受教育者的影响；二是为利用隐性课程的作用而有意图地创设出来的隐性课程。这种课程虽然以隐性的方式呈现，但却是有意图地开设出来的，从某种意义上来说，已经不再是传统意义的隐性课程，也可以在一定程度上看作是显性课程。隐性的隐性课程是指独立于上述显性的隐性课程之外的各种以内隐的、非公开的、弥散的方式对受教育者产生影响作用的载体而生成的课程。

2. 根据作用渠道的划分

根据作用渠道，隐性课程可以划分为物质—空间、组织—制度和文化—心理三类。物质—空间主要表现为学校的校园建筑、活动场所、绿化美化情况、教室布置、人均面积、桌椅摆放方式、实验设备等；组织—制度主要表现为学校的管理制度、生活制度、评价制度、奖惩制度等；文化—心理主要表现为在显性课程中隐性的文化价值观、师生关系、教师的态度、教师的期望等。

二、隐性课程的表现

通过上述分类可以看出隐性课程的表现形式非常丰富。这里仅对其中的若干常见的表现形式予以简要说明。

1. 物质环境

学校乃至社会中存在着丰富的物质环境，如教室、图书馆、实验室、博物馆等各类建筑、活动场所。一方面，这些物质环境发挥着物质的功用，满足人们顺利开展相应活动的需要；另一方面，这些物质环境也同样发挥着育人的作用，对人产生涵养儒化的作用，起到"润物细无声"的效果。也正因如此，很多学校越来越注意物质环境的创设，加大对物质环境建设的投入，使环境的育人功能更好地发挥出来。

2. 精神氛围

在学校里，除了存在上述的物质环境外，还存在着大量的人际关系，如师生关系、同学关系等。这些人际关系不但会直接影响其中的当事人，而且会相互交织在一起，生成相应的精神氛围，如校风、班风等。一方面，这些精神氛围受制约于相应的人员；另一方面，这些精神氛围还会反作用于其中的成员，影响到他们的成长和发展。精神氛围不仅会影响到学习活动能否顺利进行，而且也会在深层次上影响到受教育者的人格、品德等。

3. 规章制度

在学校里还存在着大量的对师生行为进行规范调整的各项管理规章制度。这些规章制度有些是由国家相关机构颁布的，如教师职业道德、学生行为规范等，也有些是由学校甚至班级自己制定的，如课堂常规、作业规范等。虽然两种类型的规章制度各自的来源不同，法理不同，约束力也不同，但毫无疑问都是以对师生关系的行为做出约束为旨趣的。需要说明的是，尽管这些规章制度本身是以显性的方式存在的，但其对各自的约束往往需要内化为个体的自觉的行动。正是由于这些规章制度在不同的主体那里的内化程度不同，从而导致不同个体对其执行也各不相同。这又会反作用于规章制度的建设，特别是要求学校或班级制订出更能反映本校或本班实际需要的切实约束个体行为的规章制度。

第十三章

课 程 计 划

　　课程计划作为规范课程实践，特别是课程开设实践的文件，侧重于从宏观上对课程进行总体筹划。

第一节　课程计划的内涵

一、课程计划的概念

所谓课程计划，是"根据一定教育目的和一定学校的性质任务对一定学段的课程进行总体设计的课程文件"[①]。这表明课程计划具有以下三个方面的要义：

1）课程计划是课程文件之一。课程计划是课程中的众多文件之一，与其他文件一起共同作为调控课程运行的工具。当然，由于课程计划是文件，且是由有关机关或部门颁布的对课程运行进行规范的文件，对课程实践及其中的人员具有约束性和强制性。

2）课程计划是对课程实践的筹划。这也即课程计划是对课程的总体设计，是对课程实践所做的总体概括，而不是具体的课程。换言之，课程计划是对课程实践，或者说是课程运行的总体筹划。

3）课程计划往往与特定学段相关。课程计划作为对课程实践的总体筹划，不但不是具体的课程，而且也不是对所有教育阶段的课程实践所做的筹划，而是对特定的学段，比如小学、中学，或者义务教育、高中等特定的教育阶段的课程实践所做的筹划。

二、课程计划的特点

1. 规范性

由于课程计划是以课程文件的形式呈现的，必然对其所要求的对象的行为

---

① 廖哲勋，田慧生.课程新论.北京：教育科学出版社，2003：282.

产生约束作用。这也即必须遵照课程计划的有关规定来进行课程活动，不能仅根据自己的主观意愿有选择地执行，更不能背离课程计划的要求而另搞一套。

2. 科学性

课程计划是经过科学的设计程序而设计出来的。在此过程中，既要考虑社会的发展需要和发展现实，又要关照受教育者的发展需要和发展可能，不是少数人或者是个别人自己的一厢情愿。并且，这些发展需要的调查及其设置等都是经过科学的论证而得出来的。因此，课程计划具有科学性。

3. 概括性

课程计划是对整个课程实施提出的宏观指导。在此过程中，课程计划主要进行一些宏观层面的规定，如实施的形式、实施的内容、实施的原则等，而不是非常具体的实践环节的操作。

4. 序列性

课程计划一般有针对性，是对特定教育阶段而言的课程计划。由于教育阶段自身的递进性，也就使得不同阶段的课程计划呈现出一定的序列性。高一级阶段的课程计划一方面具有自己的独特性，另一方面也必须充分考虑前一级阶段的课程计划。

三、课程计划的作用

1. 规范课程实践活动

课程计划作为课程文件中的一种，是对课程实践进行的总体筹划，要求课程实践必须按照课程计划中的规定来进行执行。因此，课程计划对于课程实践活动起到了规范的作用，要求相应学段下的课程实践必须遵照执行，不能随意地自行其是。当然，为了充分调动课程实践的积极性，考虑课程实践的差异性，课程计划在对课程实践进行强制性规范的同时，也允许课程实践根据实际情况进行灵活调整。

2. 强化育人的协调性

众所周知，学生的成长和发展既受多重因素的影响，也会表现在多个方面。因此，课程计划作为课程实践的统一筹划，就既需要对这些因素进行综合考虑，也需要对其发展的各个方面进行综合考虑，进而形成教育合力，建立起一体化的促进个体成长的课程实践规划方案。

第二节　课程计划的结构

一、课程计划的一般结构

一般来说，课程计划主要由以下五个方面组成：

1）总体概述。这是对本次课程计划宏观的概要性介绍，主要包括拟定课程计划的法律或政策依据、拟定课程计划的基本出发点等。

2）培养目标。这一般是总体课程目标的具体化，是对特定教育阶段或学段的受教育者的总体要求。

3）指导思想。这往往也被称作课程设置的指导原则，即对课程设置所必须遵循的基本要求进行的说明。

4）课程设置。这是对所涉及的教育阶段或学段里的各个年级的课程门类、课时总数及课时比例等进行详细的规定或说明。

5）补充说明。这是对课程计划中的一些相关内容进行进一步的解释或提出进一步的要求。

二、课程计划的常见形式

关于课程计划的常见形式，可以从课程制度和呈现形式两个视角来说明。

1. 课程制度视角下课程计划的常见形式

课程制度影响到课程计划的表现形式。因此，课程制度不同，课程计划的表现形式也就各不相同。与当前两种基本课程制度相一致，课程计划也有两种基本形式：一种是以统一要求为特点的课程计划，具有统一性和强制性，主要出现在法国、日本等以中央集权型课程制度为特征的国家；一种是以灵活多样为特点的课程计划，具有多样化和灵活性，主要出现在英国、美国等一些以地方分权型课程制度为特征的国家。

需要说明的是，尽管总体上一国的课程计划形式与其课程制度相一致，但具体到不同的国家的课程计划的形式还会有所不同。而且，即使课程制度完全相同的两个国家，其课程计划形式也不会完全一样。

2. 呈现形式视角下课程计划的常见形式

从呈现形式方面来看，课程计划有三种基本的呈现形式：

1）文字式，整个课程计划全部用文字叙述的方式呈现。此种呈现的优点是容易对内在关联进行分析，但课程计划的叙述往往过于啰唆。

2）表格式，整个课程计划全部用表格的方式呈现。此种呈现的优点是比较直观，但往往会忽略课程计划的内在关联。

3）融合式，整个课程计划既有文字叙述，又有表格展示。这种课程计划的形式在融合了文字式和表格式两种形式优点的同时又避免了两者的缺点。我国的课程计划就是这种呈现形式。

第十四章

课 程 标 准

课程标准作为对课程质量的规范性文件，不但关涉课程质量，而且更重要的是还关涉其所培养的人才质量规格。

第一节　课程标准的内涵

一、课程标准的概念

研究者们对课程中的另一重要文件类型，即课程标准的认识不尽一致。有研究者认为，"课程标准是确定一定学段的课程水平及课程结构的纲领性文件"[①]。也有研究者认为，"国家课程标准作为国家课程文件，规定国家对国民在某方面或某领域的基本素质要求。或者说，国家课程标准规定的是，对国民在各方面或各领域应具有哪些素质，国家提出的一个基本要求"[②]。尽管这两种定义并不一致，但也反映了对课程标准的共识，存在着若干共同的旨趣：

1）课程标准是由国家颁布的有关课程实施的纲领性文件。这一文件只能由国家或国家授权的机构代表国家来负责编订，其他任何机构不得编订和发布课程标准。而且，一旦该纲领性文件被颁布，就会对其所指向的各级各类课程实施主体的课程行为起到约束作用，课程实施主体必须遵照课程标准的有关要求来执行。

2）课程标准是国家对公民基本素养的规定。这表明课程标准实际上是国家对未来社会公民要求的集中反映。对这一集中反映，一方面它需要绝大多数公民都必须达到，否则将会影响到一个国家在未来社会中的发展；另一方面，它只需要公民能够达到就可以了，只要求公民在每一个方面都基本达到标准所规定的要求，而不是要求每一个人在每一方面都很优秀。

---

① 顾明远.教育大辞典（增订合编本）.上海：上海教育出版社，1998：893.
② 任长松.关于课程标准的研究.山东教育科研，2001（5）.

3）课程标准反映的是对公民素养的底线。一方面，课程标准对公民素养所提出的要求可以说是最为根本的要求。如果没有这种素养，既不利于个体自身的发展，也不利于国家发展的需要。另一方面，虽然公民只要达到课程标准规定的基本要求就可以了，但也并不排除公民可以超越这些最为基本的底线。这也即，公民在学有余力的前提下，可以超越课程标准所规定的基本要求。

二、课程标准的特点

1. 规范性

课程标准作为课程文件之一，对课程实践主体的课程行动具有强制性，要求课程实践主体必须按照课程标准的要求来进行执行。而且，为了确保课程标准在实践中得到贯彻执行，还往往会通过相应的手段或方式来对执行的效果进行检测。也正因如此，课程标准中往往会明确提出相关的测评要求，提供课程标准执行情况评估的方式和要求。即使有些课程标准没有明确提出相关的测评要求，也往往会通过其他的技术手段或评估途径来保证课程标准在实践中得到贯彻执行。

2. 灵活性

课程标准一方面强调是对相对完整的某门学科或领域在某个教育阶段的要求，另一方面根据人们的认识水平将其划分为若干学段。因此，课程标准既是对该门学科或领域的总体要求，同时也是针对其中特定学段的最终要求。这些实际上也表明课程标准不但具有规范性，而且具有灵活性，只需要在最终的教育阶段或学段结束时达到相应的要求即可，而对具体达到的时间则没有严格的限制，从而为课程实践提供了自由的空间，增强了课程实践的灵活性。

3. 底线性

由于普遍存在的个体差异，课程标准也同样应考虑到这一点。因此，课程标准尽管是对受教育者素养规格的要求，但这些要求往往是最低要求。一方面，课程标准作为制度化的规定，具有强制性，需要而且要求受教育者必须达到相应的要求，以确保课程标准作为课程文件的严肃性；另一方面，课程标准也需要承认并关照个体差异，允许受教育者根据自己的实际情况提出合适的发展诉求。

三、课程标准的功能

课程标准作为对受教育者素养的规定，在整个课程体系中居于重要地位，有着非常重要的功能。对此，有研究者认为主要表现为对教学、教材编写、评价的指导作用[①]；也有研究者认为主要表现为贯彻与落实课程计划、统一与规范教材编写、引导与促进课程实施、检查与评价教学效果四个方面的功能[②]。这些研究是从不同的角度对课程标准的功能进行了把握。就课程标准的功能而言，主要是对公民素养的贯彻落实：一方面需要根据课程标准为课程实践提供科学的反映公民素养的教材；另一方面需要根据课程标准对课程实践的效果情况进行检测。这两个方面实际上也就意味着课程标准既是课程内容选择的标准，也是课程运行结果的标准。

第二节　课程标准的框架

一、课程标准框架的基本构成

"课程标准的框架是指同一套课程标准的具体格式，这主要是规范一个国家或地方的各个领域或各门课程在学生学习结果方面的陈述方式"[③]。虽然世界各国的课程标准框架多种多样，并没有形成一个国际公认的陈述形式，但同一套课程标准的格式基本上还是一致的。这一方面有利于课程标准的严肃性，另一方面有利于课程标准的宣传、交流和传播，也有利于相关人员的阅读、理解和接受。

我国的课程标准框架一般包括下列五个组成部分[④]：

1）前言：结合本门课程的特点，阐述课程改革的背景、课程性质、基本理念与本标准的设计思路。

2）课程目标：按照国家的教育方针以及素质教育的要求，从知识与技术、过程与方法、情感态度与价值观三个方面阐述本门课程的总体目标与学段目标（如果有学段的话）；学段的划分大致规定在 1 ～ 2、3 ～ 4、5 ～ 6、7 ～ 9 年级，

---

① 任长松.关于课程标准的研究.山东教育科研，2001（5）.
② 靳玉乐.课程论.北京：人民教育出版社，2012：308-311.
③ 崔允漷.国家课程标准与框架的解读.全球教育展望，2001（8）；钟启泉，等.为了中华民族的伟大复兴为了每位学生的发展.上海：华东师范大学出版社，2001：173.
④ 崔允漷.国家课程标准与框架的解读.全球教育展望，2001（8）；钟启泉，等.为了中华民族的伟大复兴为了每位学生的发展.上海：华东师范大学出版社，2001：174.

有些课程只限在一个学段，有些课程兼有两个或两个以上学段。

3）内容标准：根据上述的课程目标，结合具体的课程内容，用尽可能清晰的行为动词阐述出来的目标。

4）实施建议：为了确保国家课程标准能够在全国绝大多数学校的绝大多数学生身上实现，减少中间环节的"落差"，需要在国家课程标准中附带提供推广或实施这一标准的建议，主要包括教与学的建议、评价建议、课程资源的开发与利用建议，以及教材编写建议等。同时学要在容易误解的地方或陈述新出现的重要内容时，提供适当的典型性的案例，以便于教师的理解，同时也是引导一种新观念的有效方法。

5）术语解释：对标准中出现的一些重要术语进行解释和说明，帮助使用者更好地理解与实施课程标准。

二、我国课程标准框架的表现

上述课程标准的基本框架组成部分在我国的课程标准中的具体表现如表14-1 所示 [①]：

表14-1　我国课程标准框架的表现

课程 / 学段 / 结构		前言	课程目标	内容标准	实施建议	附录
九年义务教育课程标准	语文	★	★		★	★
	数学	★	★	★	★	
	科学	★	★	★	★	★
	物理	★	★	★	★	
	化学	★	★	★	★	★
	生物	★	★	★	★	
	地理	★	★	★	★	
	历史	★	★	★	★	
	历史与社会	★	★	★	★	★
	品德与生活	★	★	★	★	
	品德与社会	★	★	★	★	★
	思想品德	★	★	★	★	
	外语　英语	★	★	★	★	
	外语　日语	★	★	★	★	
	外语　俄语	★	★	★	★	★
	音乐	★	★	★	★	
	美术	★	★	★	★	★
	艺术	★	★	★	★	★
	体育与健康	★	★	★	★	★

① 靳玉乐 . 课程论 . 北京：人民教育出版社，2012：302-303.

续表

课程	学段	结构	前言	课程目标	内容标准	实施建议	附录
普通高中课程标准		政治	★	★	★	★	
		语文	★	★		★	★
		数学	★	★	★	★	
		物理	★	★	★	★	★
		化学	★	★	★	★	
		生物	★	★	★	★	
		历史	★	★	★	★	
		地理	★	★	★	★	
		技术	★	★	★	★	
	外语	英语	★	★	★	★	★
		日语	★	★	★	★	
	体育与健康		★	★	★	★	★
	音乐		★	★	★	★	
	美术		★	★	★	★	
	艺术		★	★	★	★	

注："★"表示在该课程标准的结构中具有这个组成部分。

第三节　我国课程标准的演进

一、我国课程标准演进简史

尽管课程标准一词早在 1912 年就出现在由南京临时政府公布的《普通教育暂行课程标准》中，但在新中国成立后课程标准一度被教学大纲一词取代。21世纪初，伴随着新一轮基础教育课程改革的启动，课程标准取代了曾长期使用的教学大纲一词。

重新启用课程标准来取代沿袭已久的教学大纲，并非只是简单的词语替换，而是在内涵上发生了根本的转换，即从教学大纲侧重于对教师教的规定转向课程标准关注对学生学的引领。两者的区别主要表现在以下四个方面：

1）框架。课程标准与教学大纲在框架上的区别主要表现在两个层面：一是有些项目，如前言、附录等课程标准有而教学大纲无；二是有些项目，如课程目标体系、实施建议等尽管课程标准与教学大纲都有，但相应的表述却发生了根本性的变化。

2）要求。课程标准规定的是基本要求，教学大纲规定的是最高要求。

3）目标。课程标准不仅对学生的认知发展水平提出要求，而且对学生的学习过程与方法、情感态度和价值观等方面提出要求，着眼于学生的学习过程。教学大纲强调知识与技能，偏重认知发展水平，相对弱化甚至忽略学习过程和情感态度。

4）评价。课程标准强化过程性评价和评价的教育功能，将学生、教师和课程发展融为一体；教学大纲的评价形式比较单一，重视学生掌握知识与技能的结果考核。

二、当前我国课程标准的修订

与 21 世纪初启动的基础教育课程改革同步，相继颁布了各学科课程标准，即《全日制义务教育课程标准》（实验稿）（以下简称课程标准实验稿）。尽管课程标准实验稿对课程实践起到了较好的引领作用，"从各方面改变了基础教育的面貌"，但也存在一些亟待解决的问题：①一些学科的容量偏多，难度偏大；②一些学科教学要求、评价要求不够具体；③相关学科、学段间的纵向衔接、横向配合有待加强；④对学生能力培养的要求不够明确[①]。同时，为了更好地贯彻落实《国家中长期教育改革和发展规划纲要（2010—2020 年）》提出的"提高质量，促进公平"两大战略重点，课程标准实验稿的修订势在必行。经过多次大规模的调研、大范围的论证后形成了《全日制义务教育课程标准》（2011 版）（以下简称课程标准正式版）。

课程标准正式版与实验版相比起来，既有继承，也有发展。课程标准实验版中所确立的课程改革的基本理念，如一切为了学生的发展、以人为本及发展性评价等在课程标准正式版中都得到了保留。再如，"各学科课程标准的修订都继承和发展了 2001 年教育部颁布的义务教育阶段课程标准实验稿关于培养学生综合素质的要求"[②]。

更重要的是，课程标准正式版还针对课程标准实验版中存在的问题进行了整改，比如对一些学科内容进行精选，减少了课程容量；再比如通过大幅增加教学建议和评价建议，使教学要求、评价要求更加具体。总体上来看，整改后的课程标准正式版呈现出如下特征：

1）坚持了义务教育面向每一个学生，促进学生全面发展的教育理念，突出了提高国民素质的根本任务，为促进教育公平、推进义务教育均衡发展创造了

① 田慧生 . 新课程标准修订的基本精神和主要特点 . 中国教育学刊，2014（11）.

② 孙智昌 . 义务教育课程标准修订理念解读 . 中小学管理，2012（4）.

有利条件，为建设人力资源强国奠定了扎实基础。

2）具有显著的中国特色。其一是各学科标准继承和发扬了我国重视"双基"的教育传统，并将学生获得"基本活动经验"、形成"基本思想"作为教与学的基本要求，由传统的"双基"发展为"四基"；其二是强调将正确的世界观、人生观和价值观渗透于教学全过程；其三是充分反映了中华民族优秀传统文化和现代成就。

3）以学生学会学习为核心，突出了对学生创新精神和实践能力培养，加强了对教师教学观念和教学行为的引导。

4）在课程理念、知识观、学习观、课程评价、课程文化特征等方面既立足中国国情，又与国际课程改革方向高度一致，具有开阔的国际视野。

第十五章

教　材

　　教材作为课程具体化后的育人媒体，既是师生在课程实践中接触较多的课程样态，也是支撑课程实践运行的重要课程文件。

第一节　教材的内涵

一、教材的概念

教材又称为教科书、课本等，"是以一定的育人目标、学习内容和学习活动方式为基本成分而分门别类组成的提供给学生认识世界的规范化、程序化、具体化的育人媒体"[①]。这表明教材有以下三个方面的要义：

1）教材是一种特定的介质。尽管教材作为"育人媒体"，肩负着促进学生发展的重任，但事实上能够促进学生发展的育人媒体并非只有教材。大到社会政治制度、社会生产方式，小到学生的日常生活、周边环境也都会影响到学生的发展，自然也可以归入育人媒体之列。但相对于上述育人媒体的宽泛性、弥散性而言，教材由于经过专门加工，其在育人上的效能更加明显、更加集中而成为一种特定的介质。

2）教材是帮助学生认识世界的工具。教材作为介质不仅表现在作为特定的育人媒体与学生的关联上，而且还表现在其对对象的把握上。这也即教材是用来帮助学生认识世界、了解世界的介质，重在帮助学生掌握认识世界的方法，为他们今后对世界的认识打下基础。因此，教材并不能、也无法代替世界，而是学生打开认识世界的工具。

3）教材是特定的课程文件。教材不但与课程计划、课程标准一样都是课程文件，而且还是非常重要的课程文件。这是因为，教材是基于课程计划、课程标准编写出来的，既受到课程计划、课程标准的制约，也同样肩负着课程计划、

---

① 廖哲勋，田慧生．课程新论．北京：教育科学出版社，2003：319.

课程标准的落实。也正因如此，世界各国都非常重视教材的编写及使用。

二、教材的特点

1. 介质性

如上所述，教材首先就是一种特定的介质，是担当育人的媒介。无论教材在形态上的差异有多大，具体内容有如何有别，但都是用来作为对受教育者进行教育的媒介。在此过程中，教育活动中的师生及相关人员都必须以教材为据来展开教与学。

2. 科学性

教材的科学性主要表现在以下两个方面：一是内容科学。教材的内容主要是一些已经被人类实践检验和证明了的科学知识、科学原理、科学方法、科学态度等。二是编写科学。教材的编制有一套严格的程序，必须根据育人目标的要求，经由科学的编写过程编制出来的。一般来说，教材编写的基本步骤如下[①]：需求分析、教科书制作计划的明确、学习观念的明确、内容范围限定及其结构设计、与教学大纲的比较、向教育实践者以及学科专家进行的意见征询、档案夹的建立、试验章节的撰写、结构和总体风格的对质、页面排版的尝试、试验性章节的试验、内容的细化处理、教科书的技术性定义、整本书的撰写、插图的创作、内容与整体和谐性的审阅、排字和页面排版、整本教科书的试验、技术性支架的制作、校样修订、印刷、教科书成品的试验。

3. 规范性

教材的规范性主要表现在两个方面：一是教材来源的规范。教材作为特定的课程文件，具有课程文件的一些表现，如教材的封面上往往会标有经由特定的教材管理机构进行过审查或审定的字样。这实际上也就表明教材不可能随随便便地出现在教育实践当中，而是有着严格的审查程序。二是教材对教育实践活动的规范。教材是教育实践中各方人员最为主要的活动工具，也对各方人员的行为有着明显的约束。当然，教材对教育实践活动的规范并不意味着相关人员必须完全照搬教材。无论是课程实施中的创生取向，还是当前我国课程改革中强调的课程生成，都要求在教育实践中对教材进行灵活处理。只不过在进行

---

① 弗朗索瓦-玛丽·热拉尔,[比]易克萨维耶·罗日叶.为了学习的教科书：编写、评估、使用.汪凌,周振平, 译.上海：华东师范大学出版社，2009：20-32.

灵活处理时需要考虑度的限制，避免完全抛弃教材而另行一套。

4. 多样性

教材的多样性主要表现在以下三个方面：一是教材类型上的多样。关于教材的类型，将在下面教材的类型中进行说明。二是教材版本上的多样。为了更好地满足教育实践的需求，很多国家和地区都允许开发多样化的教材。这些多样化的教材在满足教育实践需要的同时，也丰富了教材的品种，呈现出版本上的多样。三是教材实践上的多样。不但不同版本的教材是不同的，即使是相同版本的教材，由于使用主体的不同，也会带来使用上的差异，呈现为实践上的多样。

三、教材的作用

教材对于人类社会和教育教学活动都有着非常重要的作用。概略来说，主要有以下四个方面：

1）教材有利于人类文化的积淀和传承。教材中包含有了人类千百年来积累起来的文化知识精华，把反映社会科学、自然科学和人文科学各个方面的最为基础的内容经过教育学的观点，特别是课程理论的精选而加以重构，在使之担负起传递经验，促进个体发展重任的同时，还把人类文化的精华进行积淀和传承。

2）教材有助于促进学生的全面发展。如前所述，教材就其实质而言是一种育人媒体，是为学生学习活动提供重要依据而开发出来的且专门用于教学活动的材料。任何教材无论其形态上如何不同，但都需要遵循一定的课程目标，经过科学的设计活动和严格的审订过程，因而有助于促进学生身心全面和谐地发展。

3）教材是开展教育活动的重要依据。众所周知，教学是学校的中心工作，而教材作为育人媒体这一特定介质则是教学这一中心工作中的重要支撑点，既是教学的中心，也是开展教育活动重要依据之一。而且，就是在一些非教学活动中，教材也发挥着重要的支持作用，如根据教材对教学环境进行的适宜调控就体现出了教材对教学环境的引导作用[①]。

4）教材为教学活动提供了客观依据。一方面，教材构成了教师教学工作的主要依据，有利于规范教师的教学活动；另一方面，教材也为学生的学习活动提供了依据，使他们的整个学习活动，尤其是一些自学活动有章可循。此外，

---

① 曾天山. 教材论. 南昌：江西教育出版社，1997：33-34.

教材还对教学活动中涉及的教学策略、教学评价、学习策略、教学模式等有着重要的影响①。

第二节　教材的结构

教材的结构，即构成教材的各种内在要素的组合及其呈现的形态。前者构成了教材的内在深层结构，后者构成了教材的外在表层结构。

一、教材的深层结构

对于教学的深层结构，不同研究者使用的称谓并不一致。除了这里所说的深层结构外，还有内容结构②、基本结构③等称谓。所谓教材的深层结构主要是指在教材中所蕴藏的关于自然、社会和人类的一般性、原理性的体系。由于这种体系往往内蕴在教材中的字里行间，故称为深层结构。对于教材的深层结构所包括的内容，研究者们并没有达成共识：有研究者认为，"教材的深层结构主要包括知识要素、技能要素、能力要素和态度要素，以及某些审美要素和心理要素"④；也有研究者认为，教材的深层结构主要包括事实、概念、原理、逻辑推论、态度、价值及方法⑤。需要说明的是，这两种研究的不同在很大程度上应属于对深层结构涉及的对象在抽象程度上不同。相对而言，前者更加抽象概括一些，后者更加直观具体一些。其实，两者所指称的对象本身并没有什么明显的区别。

这里在已有研究的基础上把教材的深层结构从事实、概念与原理和态度、价值与方法两个层面来加以把握。

1. 事实、概念与原理

事实是有关自然、社会和人自身的基本性陈述，是以信息呈现的有关事物的数据或资料。在教材中，事实既被视为学生应该了解和掌握的有关世界信息，同时也被看作是学生进一步认识世界的基础。

① 曾天山.教材论.南昌：江西教育出版社，1997：33-37.
② 靳玉乐.课程论.北京：人民教育出版社，2012：316.
③ 曾天山.教材论.南昌：江西教育出版社，1997：77.
④ 廖哲勋，田慧生.课程新论.北京：教育科学出版社，2003：328.
⑤ 靳玉乐.课程论.北京：人民教育出版社，2012：316-318.

概念是事物或现象的本质反映，可分为具体概念和抽象概念。前者用来表述可以直接感知的对象或客体属性之间的类似性，后者用于假设或表述不可直接感知的对象或客体。概念既是对众多事实所做出的表征，也是形成教材结构的理论起点。

原理即规律，是对事物之间最为本质、普遍的联系的反映，是对概念之间相互关系的系统化反映，也是理论知识的"支柱"。在教材中，原理包括定律、规则、符号术语系统和学说，描述了由众多概念构成的认知图式，具有高度的解释力、预见力。

2. 态度、价值与方法

态度通常是指人的某种心理上的反应倾向。因此，它并不能采用知识的形式来加以呈现。因此，态度无法通过直接的形式出现在教材中，但教材可能通过一些间接的形式，借助于上述层面涉及的事实、概念及原理等来使人产生相应的"同情心""同理心"。

教材不但本身就是价值选择的结果，而且还会对价值选择进行传递。教材中的内容表面上看来似乎与价值无涉，其实都是基于某种价值选择后的结果。只不过，有些教材的价值选择比较明显一些，如德育及部分人文社会科学方面的教材，也有些教材的价值选择相对隐晦一些，依附于事实、概念和原理，如一些自然科学方面的教材。

科学方法作为科学体系的重要组成因素，既对科学经验知识或理论知识起着阐释作用，也有利于个体的智力发展和创造才能的增长，自然也是教材应给予重点关注的内容。教材中关于方法的呈现同样也是间接的：一是依附于相关的事实、概念及原理自身的发现，发现的过程本身就是方法的展示；二是依附于相关的事实、概念及原理的运用，通过实际应用感知、体验相应的方法。

二、教材的表层结构

教材的表层结构主要是指借助于语言符号等直接传达出来的信息。一般来说，教材的表层结构主要包括以下内容：

说明主要阐述本教材的编写依据、结构体系及其在整个教材体系中的地位和作用。有些时候还包括必要的学习方法的介绍。

目录是对本教材的内容的索引，可以简洁明确地告知教材的容量、各具体成分的位置等，反映了教材的基本构架。

正文作为教材的主体部分，是教学材料的具体呈现，一般包括有课文、插图、练习、拓展材料等。课文即所要具体学习的内容，是教材的核心；插图是为了配合课文的理解和掌握而画出来的一些图画；练习主要是帮助学生理解课文而进行复习、训练使用；拓展材料主要是为学生提供一些进行横向迁移或纵向深入的阅读、练习材料。

附录作为教材正文部分的补充，并非教材不可或缺的部分。这也即有些教材会有附录，也有些教材并没有附录。附录的内容一般包括三个方面：一是对正文，特别是正文中的课文有重要补充意义的内容；二是具有其他来源的篇幅较大且不便于在正文中呈现的教学材料；三是一些重要的公式、原始数据、统计表、图片等。

总的来说，教材的表层结构往往是外显的，而教材的深层结构往往是内隐的，通过教材的表层结构内蕴着教材的深层结构。

第三节　教材的类型

一、教材的分类

根据不同的标准可以对教材作不同的划分。

清水厚实根据教材的表现形式将之概括为以下五种类型[1]：一是教科书教材：根据教科书制度特别许可、兼具行政和专业权威性的教材；二是图书教材：用纸质印刷品表现和构成的教材；三是视听教材：借助各种视听媒体表现和构成的教材；四是现实教材：将周围的自然环境和社会现实转化而成的教材；五是电子教材：借助电子技术开发和应用的教材。

广岗亮藏从教材特质的角度将教材概括为以下四种[2]：一是生活教材：适于直接性地解决问题，其学习过程是"把握—明究—解决"；二是知性教材：用于间接性地解决问题，其学习过程是"观察—考察—洞察"；三是表达教材：适于创造性地解决问题，其学习过程是"感受—表达—鉴赏"；四是技术教材：适于熟练性地解决问题，其学习过程是"计划—习得—练习"。

西之晴夫根据加涅的五种学习结果理论，把教材划分为三类[3]：一是重视学

① 钟启泉，等.为了中华民族的伟大复兴 为了每位学生的发展.上海：华东师范大学出版社，2001：187.
② 钟启泉，等.为了中华民族的伟大复兴 为了每位学生的发展.上海：华东师范大学出版社，2001：188.
③ 廖哲勋，田慧生.课程新论.北京：教育科学出版社，2003：320.

习体验的教材；二是重视学习内容的教材；三是发挥信息媒体特性的教材。

井上弘按照教材的活动形式和特点分别对教材进行了划分①。从活动形式上教材可以分为言语、数量、社会、自然、艺术、体育活动等六种教材，从活动特点上教材可以分为要素性教材、概括性教材和实践性教材，然后将这两类划分进行匹配组合，最后可以得出 18 类教材形式。

二、电子教材与数字教材

借助于现代媒介，特别是电子技术及数字技术的发展，一些新的教材类型，如电子教材、数字教材等应运而生。从世界范围内来看，尽管电子教材、数字教材仍然处于宣传推广、小范围试用阶段，但其来势凶猛，已经在教育实践及教材出版等诸多领域带来了猛烈的冲击。

首先需要说明的是，尽管电子教材与数字教材有所不同，但目前这两类教材在整个教材中尚处于初期的起步阶段，暂不宜做过细的划分，故这里以电子教材来统称这种基于新型媒介的教材。

1.电子教材的内涵

对于电子教材，目前并没有统一的认识。概括起来，主要有以下三类认识：一是强调电子教材的数字化资源属性，如我国台湾学者吕正华认为电子教材是纸质教材的另一种版本；Jun 指出电子教材是将纸质课本的内容数字化后存储在电子媒介中，用户通过互联网阅读、收看、收听。二是关注电子教材的富媒体特征，如徐行等认为电子教材将各种声音、文字、图片和影音文件集于一体，使传统纸质教材和教学手段中难以实现的实验和动态演示过程得以轻松实现，有助于帮助学生理解重点、难点；项国雄认为电子教材以网页形式存在，不受时空局限，可供教师、学生和家长反复使用，数据更新速度快且及时，具备共享性、开放性、动态可生成性等特征。三是从电子书和教学系统角度考察电子教材的应用，Porter 认为电子教材集电子阅读软件和电子书内容于一体；祝智庭等把电子教材理解为一类特殊的电子书，从阅读性和教学性角度对教材的功能属性进行了规定；李林等人认为电子教材是以信息技术、多媒体技术为基础开发的教学系统。

尽管人们对电子教材的理解各不相同，但在这些表面上不同的背后却有着一个共同的前提，即都是围绕教材内容与终端设备所进行的整合。因此，电子

---

① 廖哲勋，田慧生.课程新论.北京：教育科学出版社，2003：320.

教材也可以看作是教材内容的电子化，或者说是教材内容在电子终端设备上的植入。

电子教材之所以迅猛崛起，既与媒介技术的快速发展有关，也与其所拥有的信息容量大、交互便捷、易于检索、便于携带等优点密切相关。

2. 电子教材的评价

相对于传统教材，电子教材既具有不可比拟的优势，同时也存在着难以回避的弊端。

关于电子教材的优势，这里仅以已有研究对其与传统教材在特性上的对比为例来说明，而其他方面的优势则不予以讨论（表 15-1）[①]。

表15-1　传统教材与电子教材对比

比较项目　　　　　教材种类	传统教材	电子教材
教材属性	静态	动态
再现方式	文本、图片	多媒体
组织结构	线性	线性和非线性
学习方式	统一步调	自定步调
内容范围	有限	无限链接
稳定性	很快会过时	动态更新
反映出的观点	某人或某群体	综合该领域的观点
学习中的交流形式	单向、主要是人际交流、同步交流	强交互性、以计算机为媒介的交互、同步和异步交流
系统中的地位	中心	一种学习资源
与师生关系	教材—教师—学生（直线式的）	三者之间的关系是网状的

正如任何事物都存在着对立的两极一样，电子教材也不例外。电子教材在具有上述优势性特征的同时，也存在着难以克服的局限：①电子教材在与网络联结时容易导致学生的自制力不强；②电子教材中信息碎片化容易导致思维不深刻；③长期与电子教材之间的人机互动不利于学生的社会化；④长期使用电子教材容易导致本已不容乐观的学生的视力会进一步下降；⑤电子教材的成本高昂，短期内难以与当前的社会经济发展状况相适应。

综上所述，电子教材有其独特的价值，也有难以逾越的局限。因此，电子教材不是万能的，不能完全取代或排斥其他形式的教材，特别是传统的纸质教材。

---

① 项国雄. 从传统教材到电子教材. 中国信息技术教育，2005（5）.

第十六章

课程实施

　　课程实施作为课程方案付诸实践的重要环节，事关课程目标的落实，决定着课程效能的实现。

第一节　课程实施内涵的多重解读

　　课程实施即课程方案付诸实践，是课程从理念向文本、从文本向实践转换的重要环节，事关课程目标落实。因此，人们对课程实施给予了高度的关注，从不同维度进行了多重解读。

一、课程与教学的关系争论

　　课程与教学的关系作为课程实施中首先需要回答的一个基本问题，不但反映了人们在课程与教学关系上的认识，而且也会进一步影响到对课程实施的认识，制约着课程实施的质量。

　　目前，人们对于课程与教学关系的认识并不一致。概括起来，主要有以下五种类型：①大教学观，认为课程是教学中一个组成部分，教学包含了课程；②大课程观，认为教学是课程中的一个组成部分，课程包含了教学；③课程与教学交叉观，认为课程中有一部分包括在教学中，教学中也有一部分涵盖在课程中；④课程与教学二元独立观，认为课程与教学是两条不同的系统，两者互不干涉，各自独立；⑤课程与教学二元相互作用观，认为课程与教学虽然可以在理论上分成两个相互独立的部分，但这两个部分却经常发生交互作用，即课程要作用于教学，而教学有赖于课程。

　　大体来说，西欧、北美的研究者多倾向于大课程观，认为课程包括了教学；而东欧和苏联的研究者则倾向于大教学观，认为教学包含了课程；我国的研究者过去多赞同东欧和苏联研究者的观点，也认为教学包含了课程，现在则处于多种观点并存、百花齐放的状态，既有坚持大课程论者，也有强调大教学论者。此外，也有越来越多的研究者认识到课程与教学之间既不是简单的大小关系，但也不是完全分离、毫不相干的。

因此，就课程与教学关系的把握而言，需要注意以下三个方面：

1）课程与教学之间既不可能完全相互独立，也不可能一方完全被另一方所包容，所以单纯的大课程观或大教学观都有失偏颇，陷入了绝对论的窠臼之中。

2）课程与教学是从两个不同的视角来对教育领域内的基本要素问题进行的判断与回答，各有不同的研究对象和研究领域。从课程方面来说，主要解决的是教什么，着重对所教内容进行研究；从教学方面来说，主要解决的是如何教，着重对教的过程进行研究。这既表明了课程与教学两者的分野，也反映了两者的关联。

3）课程与教学在具体的教育实践中是你中有我，我中有你。课程中的课程实施部分实际上与教学密切相关，而教学中的教学内容实际上又与课程密切相关。

综上所述，课程与教学交叉观或课程与教学二元相互作用观两种观点相对更为合理、周延一些。

二、课程实施的三种取向

"课程实施取向是指对课程实施过程本质的不同认识以及支配这种认识的相应的课程价值观。[①]"具体来说，课程实施的取向主要有忠实取向（fidelity orientation）、适应或改编取向（mutual adaptation orientation）和创生取向（enactment orientation）三种。

忠实取向又称程序化取向，把课程实施看成是"忠实地"执行课程设计者的意图，以便能达到预定的课程目标的过程。在这种取向中，虽然课程设计者建立起来的一套程序、要求可以作局部变动，但必须基本上得到遵循、贯彻。

适应或改编取向又称相互调适取向，把课程实施看作是课程方案的使用者和学校情境之间的相互适应，认为不可能也不应该事先规定精确的实施程序让课程方案的使用者来遵循。恰恰相反，应该让不同的课程方案的实施者自己来决定究竟该如何来进行具体的课程方案的使用。课程方案的使用者可以根据实际情况采取三种做法来进行课程实施：①局部适应，即基本上按照课程计划实

---

① 李子建，黄显华.课程：范式、取向和设计.香港：香港中文大学出版社，1994：314-315.

施，只作局部变动，以适应课程设计者的意图；②相互适应，即课程设计者和课程实施者双方都或多或少地改变一些看法，以便相互都能适应各自的情况；③全面修正已设计好了的课程方案，即实施者完全根据自己的兴趣来修改课程方案，不去适应课程设计者的意图。这一做法严格来说已经没有了相互调适的成分，直接过渡到了课程创生取向。

课程创生取向则把课程实施看成是课程方案使用者的师生结合具体情境，创造出新的教育经验的过程。在此过程中，设计好的课程方案仅仅是师生进行或实现"创生"的脚手架，从而使课程在构成教师和学生的发展过程中实现课程、教师和学生三方面的共同发展。

需要说明的是，这三种关于课程的实施取向只是概略的分类。事实上，在具体的课程实施中，很多的课程实施的情形很难直接简单地归结为某一种实施取向。

三、课程实施的三组隐喻

为了更好地把握课程与教学的关系，深入理解课程实施的内涵，美国学者塞勒（J. G. Saylor）等人进一步通过三组两两相关而又有别的隐喻来进行了说明[①]。

隐喻一：课程是一幢建筑的设计图纸；教学则是具体的施工。作为设计图纸，会对如何施工做出非常具体的计划和详细的说明。这样，教师便成了工匠，教学的好坏是根据实际施工与设计图纸之间的吻合程度，即达到设计图纸的要求来测量的。

隐喻二：课程是一场球赛的方案，这是赛前由教练员和球员一起制定的；教学则是球赛进行的过程。尽管球员要贯彻事先制定好的打球方案或意图，而达到这个意图的具体细节则主要由球员来处理，他们要根据场上具体情况随时做出明智的反应。

隐喻三：课程可以被认为是一个乐谱；教学则是作品的演奏。同样的乐谱，每一个演奏家都会有不同的体会，从而有不同的演奏，效果也会大不一样。有些指挥家和乐队之所以特别受人欢迎，主要不是由他们演奏的乐曲来决定的，而是由他们对乐谱的理解和演奏的技巧决定的。

从某种意义上来说，上述三组隐喻分别与课程实施的三种取向具有相应的

---

① 施良方. 课程理论：课程的基础、原理与问题. 北京：教育科学出版社，1996：139.

对应关系：隐喻一对应的是课程实施的忠实取向，隐喻二对应的是课程实施的适应或改编取向，而隐喻三则对应的是课程实施的创生取向。因此，这三组隐喻不但直接地回答了课程与教学的关系，而且也间接地表明了对课程实施取向的认识，从另一视角丰富了有关课程实施内涵的把握。

四、课程实施的五个层次

从广义上来看，课程实施是包括课程设计在内的整个课程实践活动。这既是一个从无到有，然后再到运用的过程，也是一个在不同的课程实践主体和课程实践环节中进行多次更迭与置换的过程。美国课程研究者古德莱德（Goodlad J.I.）对课程定义的层次化把握既是对课程内涵所进行的解读，也从另一维度诠释了课程实施。

1）理想的课程。理想课程表现为两个层面：一是由国家根据其政治、经济、文化传统和社会现实等方面的愿望，期望把受教育者培养成一定目标的人而设计的带有理想化色彩的课程。而且，伴随着认识和研究的深入，会在不同的时期对课程进行调整。每一次课程调整都是为了国家所确立的理想目标的实现。二是由一些研究机构、学术团体和课程专家从某些目的或愿望出发提出应该开设的课程。这通常以倡议的形式提出，主要取决于是否被官方采纳。

2）正式的课程。这通常是由教育行政部门规定的课程计划、课程标准和教材。这实际上既可以说是课程设计的成果，也可以说是理想的课程的现实化。这一现实化往往会受到政治经济文化制度、社会生产发展、历史传统、人类认识能力和受教育者身心发展等诸多影响因素的制约。

3）领悟的课程。这是教师所领会的课程，通常表现为教师在具体的课程实施前会对即将进行的课程实施活动进行相应的思考与筹划，对自己所面对的课程文本进行相应的加工处理。根据哲学解释学的见解，每一个人都存在着"前见"。因此，教师对课程实际上是什么或应该是什么的领会。这一领会往往与现实的课程之间有一定的距离，从而减弱现实课程的某些预期的影响。

4）运作的课程。这是教师在课堂上实际实施的课程。尽管一般情况下教师都会在此过程中把自己所领悟的课程在自己的课堂中付诸实践，但在具体的实施过程也往往并不必然完全一致，而会有所变化。导致此种情形的原因有三：一是教师的灵感的进发和激情的涌现。运作的课程是一种情感化的过程，教师情感的投入往往会表现出一种与自己所计划不完全一致的东西。二是教师的教学机智的展现。运作的课程需要计划，但并不是自己计划的完全照搬，总是要根据实际的状态进行适当的调整。三是教师的语言表达能力。语言尽管是人际交往和信息交流的主要工具，但教师并不一定能够把自己所领悟的东西都准确地传达出来。这些都造成了教师实际运作的课程与他们所领悟的课程之间有一定的变化。

需要说明的是，尽管在领悟课程和现实课程之间存在着一定的差距，但教师往往还是竭力把自己对课程的理解传递出来，而且还往往会以种种不同的方式来强调自己的理解。

5）经验的课程。这是学生实际体验到的课程。与教师一样，学生也同样存在着一定的前见。而且，这种前见也同样会影响到学生对来自于各种不同层面的信息，尤其是教师层面运作的课程，所以他们也是从自己的前见出发来解读教师领悟后运作的课程。再加上语言本身的丰富性，也会使得不同的学生对同一话语有不同的理解。

综上所述，古德莱德关于课程定义所进行的层次化把握实际上也可以说是在广义层面上对课程实施的完整流程进行了描述。

第二节　影响课程实施的因素

课程实施在把课程方案付诸实践的过程中往往会受到很多因素的影响和制约。也正因如此，不但同样的课程方案会有不同的实施结果，而且即使好的课程方案也不一定必然会有好的实施结果。

影响课程实施的因素主要有课程自身的特性、实施主体的素养、课程文化的制约和课程政策的调控四个方面。

一、课程自身的特性

课程实施既然是把课程方案付诸实践的活动，在进行课程实施时，就必须考虑课程自身的特性。课程自身的特性是影响课程实施的一个重要变量。

一般来说，课程的下列特性会影响到课程实施：

1）合目的性。合目的性是指课程与课程目标、教育目的等的相符合程度。虽然课程是根据课程目标和教育目的来研制的，但有些课程与课程目标和教育目的之间更为一致，呈现出较强的合目的性，而有些课程与课程目标和教育目的之间则不那么一致，甚至还会起到干扰的作用，呈现出较弱的合目的性，甚至反目的性。在课程实施时，课程与课程目标和教育目的这样的关系也就会影响到课程的实施。相较起来，合目的性的课程更容易被认可，也更容易被接纳。

2）可传播性。课程实施实际上也就是课程的传播。这种传播表现在两个层面：一是由政府、专家等制订的课程向各学校传播；一是由学校里的教师把传播来的课程再向学生进行传播。这两者都会影响到课程的实施，只不过由于前者直接涉及课程能否被学校层面采纳，所以其可传播性要比后者显得更重要一些。一般来说，那些容易推行的课程不但其可传播性高，而且其被实施的可能性也更大。

3）可操作性。可操作性即课程被使用的方便程度。一般来说，可操作性强的课程更容易被采纳，也就更容易被实施。尤其是在学校层面，可操作性越强的课程越容易得到教师的欢迎。当他们面对两种或两种以上的相同质量水准的课程时，可操作性强的课程更容易得到教师的关爱。

4）合时代性。每个时代都有自己的特点，也都有自己流行的价值取向和行为方式。尽管就课程的内涵而言，时代性本是其应有之义，但具体到课程实施层面来说，课程的特性就不再只是停留在时代性上了，而是提出了更高的要求，即必须合时代性，即与流行的价值取向和行为方式相一致。这样的课程在实施中才会更加便捷、更容易得到实施。近期我国基础教育课程改革中，上海初中语文中出现的"爱情单元"、江苏小学语文中的"神六"篇目都或许能正面证明这一点。

5）相对优越性。相对优越性是指相对于原有课程而言新的课程方案的长处。一般来说，人们只有在看到新的课程方案的优点时，才更愿意采用该课程。这在用一种版本的课程方案取代原来版本的课程方案时表现得尤为明显。

二、实施主体的素养

课程实施的主体主要涉及校长和教师两个层面。虽然这两者都是课程实施的主体，具有某些共性，但由于各自的具体角色和职责有别，故作为课程实施的主体还存在着一定的区别。因此，下面就从这两个方面分别进行讨论。

1. 校长

校长对课程实施的影响在国内外已经广泛引起了学界的高度关注。这里仅以 Glatthorn 在《校长的课程领导》中的有关研究成果来分析。

在 Glatthorn 看来，学校的课程领导是整个课程领导的四个层次之一①，并认为"如果校长能理解各个层次的课程领导功能，那么他们就会在他们各自的学校当中进行有效的领导"②。Glatthorn 所说的"各个层次"，实际上可概括为学校以上和学校之中两个层面。

1）学校以上层面。这一层面包括州和学区。总的来说，校长要及时获取来自于州和学区与课程有关的信息，并及时应对，作用反应，发挥校长的影响力。当然，校长对于州和学区与课程有关的信息的反应是不一样的。对于州层级来说，校长们主要是通过各种渠道来获取信息、把自己的观点传达给州议员和其他的政策制订人员、对州的课程架构进行评鉴。而对于学区层级来说，校长可以采用以下的方式来发挥他们对学区的课程的影响力：一是向学区建议要有校长代表出席学区的课程规划委员会；二是各校校长也应该要参与学区每一个学科内容的专题研究小组；三是运用校长与学区的行政人员、视导人员以及班级教师的接触机会，影响学区的课程发展方向。

2）学校之中层面。校长对于课程方面在学校层面的影响相对于学校以上层面的影响来说，更加全面、直接，同时也更为深入。在学校层面，校长对课程的领导主要包括以下方面的内容：①拟定学校高品质课程的标准与目的；②重新思考学校特定层级的学习者提供的学习方案；③通过协助教师分配学科内的时间、维护教学时间和扩增学习的时间等来推动以学习为中心的课表；④帮助教师进行统整课程；⑤帮助教师做好课程联结；⑥监控课程实施的过程。

在 Glatthorn 看来，校长推进课程实施的过程中需要注意以下两个方面的问题：

1）要让自己的所作所为形成一些例行的步骤，以便让学校的师生有所依循。他引用了斯科特（Scott）、阿哈迪和金（Ahadi & King）等的研究，认为有效能的校长在执行其课程实施时多半有一套较为稳定的行为模式可资依循；相对地，效能较差的校长在这一点上就比较难以捉摸。当然，要求校长的行为可以让师生有所依循，但并不意味着他们的行为一味地呆板单调。恰恰相反，这些校长会在他们的例行行动之中，有效地融入课程的意味，并且给予具有课程意义的诠释。

---

① 这四个层次依次为州、学区、学校和班级。这是作者从美国的课程领导的实情进行的划分，与我国的实情稍有区别。但我国在新一轮的课程改革中也提出了国家、地方和学校三级课程管理的层级问题。

② Allan A. Glatthorn. 校长的课程领导. 单文经，等，译. 上海：华东师范大学出版社，2003：17.

2）校长应该了解课程领导绝非在真空中产生的，而是有效能的组织行为当中的一个环节。这也就要求校长在进行课程领导、推进课程实施时要从整个工作大局出发，进行全盘考虑，而不应该仅就课程实施来论及课程实施。这种头痛医头、脚痛医脚的做法显然是失当的。

2. 教师

教师作为课程实施中的另一类重要主体，不但表现在数量庞大上，而且还是课程实施的亲身参与者，对课程实施有着至关重要的影响。

（1）教师对课程实施影响的研究

国内外研究者都对教师在课程实施中的重要影响进行了探讨。

国外的研究中如古德莱德对课程所作的层次性分析即是其中之一。如上所述，古德莱德关于课程所进行的层次化把握实际上就是在广义层面上对课程实施的完整流程进行了描述。在他所划分的课程的五个层次，或者说是课程实施的五个流程中，直接与教师有关的层次至少涉及领悟和运作两个层次。另外，还有一些层次，如理想的课程、正式的课程等也或多或少地与部分教师有关。因此，教师对课程实施的重要影响可见一斑。

国内亦有研究者从教育社会学的视角对教师在课程实施中的重要影响进行了阐释，认为"无论是从教师的意识形态与价值取向来看，还是从教师的知识水平抑或个性差异来看，教师都不可能完全'忠实地'传递作为法定知识的课程内容，而是多少会对课程内容进行增减与加工"[1]，即教师的"课程重构"。这种经过教师重构后的课程即"师定课程"，有别于经由课程设计所确定出来的"法定课程"。而且，与"法定课程"相较起来，"只有师定课程才是课堂中实际运作的课程"[2]。

"师定课程"与"法定课程"的关系错综复杂，存在着如下四种基本类型[3]：①包容与被包容的关系，具体又有师定课程的内容广于法定课程和师定课程的内容窄于法定课程两种情形；②基本吻合关系；③部分重合关系；④基本分离关系。这就表明"尽管法定课程具有社会权威性，但同一教育阶段同一教学科目的不同教师实际上却教授着不同的课程内容，他们的学生也在学习着不同的课程内容。由于师定课程内容与法定课程内容在学生眼中均具有'法定性质'，

---

① 吴康宁. 教育社会学. 北京：人民教育出版社，1998：331.

② 吴康宁. 教育社会学. 北京：人民教育出版社，1998：331-332.

③ 吴康宁. 教育社会学. 北京：人民教育出版社，1998：332-333.

因此，不同教师任教班级的学生实际上在学习着不同的'法定'课程内容"[①]。围绕课程实施中的"师定课程"与"法定课程"的分析实际上从另一侧面证明了教师对课程实施影响的重要性。

（2）教师实施课程应注意的事项

由于教师在课程实施过程中具有如此重要的影响，所以必须加强对教师在课程实施方面的指导：一是引导教师深入领会课程的理念；二是加强教师之间的合作；三是转变课程与教学观念；四是广泛地调用课程资源。

三、课程文化的制约

尽管人们对于课程文化的定义各不相同，但却都认同课程文化作为一种事实性的存在，而且对包括课程实施在内的课程各个方面都具有重要的影响。为更好地把握课程文化对课程实施的影响，这里拟从课程实施价值取向、课程实施态度和学校文化三个层面来说明。

1. 课程实施价值取向

价值取向往往会对个体的行为起着支配作用，左右着其行为表现。课程实施价值取向也同样如此。上述三种不同的课程实施价值取向，实际上也就是不同的课程实施主体在不同的价值取向下所做出的关于课程实施程度有别的行为反映。一般来说，持忠实取向者往往只考虑按章行事，容易导致按部就班的课程实施行为；持适应或改编取向者往往能够根据实际的校情、生情对课程方案进行灵活的变通和处理，课程实施行为呈现出一定的灵活性与创造性，但仍然会较为严格地依照已有的课程方案作为蓝本来进行参照；持创生取向者往往能够根据实际的校情、生情对已有的课程方案作更进一步的调整，将预定的课程方案作为课程开发的资源，积极进行新课程方案的开发。因此，三种不同的课程实施取向会带来三种不同的课程实施行为，从而影响着课程的实施。

2. 课程实施态度

不同的课程实施者对课程实施的态度也各不相同。在普特南（Pratt，D.）看来，人们对课程实施的态度一般类似于常态分布[②]：反对者占5%，推延者占25%、沉默者占40%、支持者占25%、热诚者占5%。这样一个正态分布既表

---

① 吴康宁.教育社会学.北京：人民教育出版社，1998：333.
② 黄政杰.课程设计.台北：台湾东华书局，1991：412.

明了人们对课程实施的复杂态度，又表明了课程实施要想取得成功的关键：一是要想使课程真正得到实施，转变人们对课程实施的态度才是至关重要的问题；二是在需要转变的对象当中，真正需要关注的不是那些处于极端反对者，而是位于中间的沉默者。可以说，只要赢得了沉默者的支持，课程实施就不会遇到太大的阻力。这是因为，伴随着沉默者转变为赞同者，赞同者的比率已远远超过了反对者和推延者。而且，随支持者的增加，人们对于课程实施态度的生态也会发生变化，会进一步分化推延者、反对者：尽管他们中的小部分仍然属于推延者、反对者，但也有一部分可能会加入到支持者的行列，一部分可能会成为新的沉默者。这虽然并没有彻底地改变所有教师的课程实施态度，但从总体上来说会朝着有利于课程实施的良性方向发展。

3. 学校文化

学校文化作为"学校全体成员或部分成员习得且共同具有的思想观念和行为方式"，同样对包括课程实施在内学校的方方面面的活动都会产生深远而重要的影响。可以说，有什么样的学校文化，就会有什么样的课程实施。反过来，一定的课程实施实际上也是一定的学校文化的反映。

概略来说，学校文化对课程实施的影响主要表现在以下三个方面：①通过学校文化濡化孕育共同的课程实施追求，形成共同的关于课程实施的愿景；②通过学校文化引领生成宜于课程实施的氛围，创造出利于课程实施的舆论导向；③通过学校文化凝聚培育推进课程实施的智慧，产生更多的利于课程实施的实践智慧。

需要说明的是，上述三个方面是从正面的、有利的角度来看待学校文化对课程实施的影响，并不排除实践中一些学校文化对课程实施的阻碍和干扰。实际上，上述正面的探讨已经暗示了在学校文化建设中要把那些阻碍和干扰课程实施的学校文化进行剔除，并提供了相应的剔除途径和方式。

四、课程政策的调控

从某种层面上来说，课程本身实际上就是政策的产物。因此，课程实施自然也会受到课程政策的调控。

课程政策对课程实施的调控主要从以下两个方面来进行：

1. 不同层级的课程政策对课程实施的影响

国家、地方及学校作为三个非常重要的组织主体对课程实施活动的调控主要是通过制定和执行相关的课程政策进行的。虽然国家、地方和学校所制定的课程政策都旨在对课程实施进行调控，但由于三者分别处于整个组织体系中的不同层级，其对课程实施的调控也各不相同。这不但表现在各自制定的课程政策不尽相同，而且也表现在对课程实施的影响程度也不完全相同。一般来说，国家所制定的课程政策具有较强的原则性，具有较强的约束力，往往针对整个国家的课程实施；地方所制定的课程政策则具有一定的针对性，具有中度的约束力，主要限于地方所管辖学校的课程实施；学校所制定的课程政策往往最为具体，往往只限于学校内部的课程实施。因此，国家、地方和学校对课程实施的影响呈现出越来越具体的走势。

2. 不同的课程决策模型对课程实施的影响

根据决策方式，可以将课程决策分为集权型、分权型和融合型三种。每种课程决策方式下都有与之相应的课程决策模型：集权型课程决策模型的课程决策权力比较集中，大多由中央行使课程决策权力，地方执行中央的课程决策；分权型课程决策模型的课程决策权力比较分散，大多由地方行使课程决策权力，中央不对或较少对地方课程决策进行直接干涉。这两种课程决策模型各有优势，也各有局限。前者的优势在于能够通盘考虑，具有较强的一致性，但无法照顾到各个地方的差异，也不利于调动地方的积极性；后者的优势在于能够考虑地方的实际情况，而且能够调动地方的积极性，但容易陷入地方本位主义，缺乏相对的统一性。因此，融合性课程决策模型，即把上述两种课程决策模型相互取长补短而生成的既集权又分权的新型课程决策模型也就应运而生。

不同的课程决策模型不但在课程决策上各不相同，而且对课程实施的影响也各不相同：在集权型课程决策模型下，课程实施往往带有较强的刚性，多采用自上而下的方式，强调统一性而缺乏灵活性；在分权型的课程决策模型下，课程实施则多关注地方差异，考虑地方实际，多采用自下而上的方式，强调灵活性，而统一性不够；融合型课程决策模型既保证了全国课程实施的统一性，又关注了地方课程实施的差异性，把全国与地方、统一与灵活、刚性与弹性较好地结合在一起了。

第十七章

课程评价

　　课程评价是整个课程活动中的重要组成部分。无论是课程目标的确定，还是课程内容的选择与组织，抑或是课程实施都离不开课程评价。既需要通过课程评价来保证课程设计的质量，也需要通过课程评价来保证课程的实施，从而使课程的效能得以正常发挥。

第一节　课程评价的内涵

一、课程评价的定义

1. 课程评价的已有定义

人们对课程评价的定义各不相同。有研究者认为，"课程评价是教育评价的重要组成部分，它是在系统调查与描述的基础上对学校课程满足社会与个体需要的程度作出判断的活动，是对学校课程现实的（已经取得的）或潜在的（还未取得的，但有可能取得的）价值作出判断，以期不断完善课程，达到教育价值增值的过程"[①]；也有研究者认为，"课程评价作为教育评价的重要组成部分，是通过系统调查、收集数据资料，对学校课程满足社会与个体需要的程度作出判断的活动，以此来决定是否接受、改进或排除课程或特定教科书的过程"[②]；也还有研究者认为，"所谓课程评价，就是以一定的方法、途径对课程的计划、活动以及结果等有关问题的价值或特点作出判断的过程"[③]；也有研究者认为，"课程评价是一个客观的过程，它要应用科学的工具，来确认解释教与学的内容和过程的效果，衡量它们的有效程度，以便为课程的改进作出有根据的决策"[④]；也有研究者认为，"所谓课程评价，是根据一定的标准和课程系统的信息并运用科学的方法对课程产生的效果作出的价值判断。简单地说，课程评价就是对课程

① 陈玉琨，等.课程改革与课程评价.北京：教育科学出版社，2001：137.
② 廖哲勋，田慧生.课程新论.北京：教育科学出版社，2003：402.
③ 李雁冰.课程评价论.上海：上海世纪出版集团，2002：2.
④ 陈侠.课程论.北京：人民教育出版社，1989：330.

系统各个部分以及整体系统所进行的各种形式的价值判断"①。

以上这些关于课程评价的定义都表明课程评价与价值判断密不可分。可以说，价值问题构成了关于课程评价定义的共同基点。任何对课程评价的定义，都离不开对价值判断问题的回答。就课程评价而言，涉及的价值问题主要有内在价值、工具价值、比较价值、理想化价值以及决定价值等方面②。概略来说，内在价值问题主要探讨的是课程自身的优良和适当性；工具价值问题主要探讨的是课程对哪些方面有效和对谁有效；比较价值问题主要涉及两种课程方案进行比较时，哪一种方案更优、哪一种方案相对差一些；理想化价值问题主要涉及课程方案不仅关注可以检测到的目标，还应该关注那些虽然无法检测、但对个体和社会而言都同样需要关注的目标；决定价值问题主要表现为评价就是否保持、修订或抛弃课程方案作出决定。

2. 课程评价的重新思考

根据上述对已有课程评价定义所做的分析，这里把课程评价简要地概括为是由课程评价主体根据一定的价值标准和运用一定的评价方法，对课程进行全方位评定的过程。这表明课程评价有以下四个方面的要义：

1）课程评价是由课程评价主体做出的。课程评价主体即课程评价者，是对课程做出价值评判的主体。鉴于课程本身的重要性和复杂性，对课程做出价值评判的主体有很多。根据课程评价者与评价对象的关系，可以将课程评价者划分为内部评价者和外部评价者。前者又称为局内人评价，是课程内部人员，特别是学校里的师生等对课程进行的评价。后者又称为局外人评价，是课程外部人员，特别是学校外部的人员对课程进行的评价。两类评价主体不但在人员来源上不同，而且各自的课程评价方式也明显不同。一般来说，内部评价者的评价更适合于进行形成性评价。他们通过评价活动可以与日常工作、项目改善的过程同步进行、相互促进，但由于利益牵连、思维定式和能力局限等，也会使评价工作的监察、改善功能难以得到最大程度的发挥。而外部评价者的评价更适合于进行总结性评价。他们的评价结论一般较为客观，具有较强的公信力和可比性。

2）课程评价是根据一定的价值标准来进行的。价值标准构成了课程评价的重要基点。可以说，没有价值标准就无法进行课程评价。更重要的是，不同的

① 靳玉乐.现代课程论.重庆：西南师范大学出版社，1995：425.

② 廖哲勋，田慧生.课程新论.北京：教育科学出版社，2003：402-403.

价值标准不但需要不同的课程评价方法，而且也会导致不同的课程评价结果。

3）课程评价是运用一定的评价方法来进行的。课程评价方法是指在进行课程评价时所采用的一些技术手段等。任何课程评价都离不开具体的课程评价方法。没有课程评价方法将无法进行课程评价。

4）课程评价是对课程进行全方位的评价。这里的"全方位"根据不同的标准可以进行不同的划分。从课程的运作过程来说，可以在课程设计活动之前进行评价，也可以在课程设计活动之中进行评价，也可以在课程设计活动结束之后进行评价，还可以在课程实施过程中进行评价；从课程的评价人员来说，既可以是课程设计和实施人员进行内部评价，也可以由不参与课程设计和实施的人员来进行外部评价。

二、课程评价的功能

课程评价无论是在理论上还是在实践中都有着很多的功能。对于课程评价的功能，不同的研究者的认识也不一致。如克龙巴赫（Cronbach，L.）认为，课程评价主要有三种功能[1]，即课程改进、针对学生的决定和行政法规。靳玉乐则认为课程评价具有形成性功能、终结性功能、管理功能和研究功能[2]。李雁冰认为课程评价具有需要评估、课程诊断与修订、课程比较与选择、对目标达成度的了解和成效的判断五个方面的功能[3]。廖哲勋等认为课程评价的功能具有两个方面：改进课程和改进教学[4]。这些从各不相同的观点得出的关于课程评价的功能都有其合理性。

结合上述有关课程评价功能的研究及对课程评价的认识，这里把课程评价的功能划分为提升课程质量和改进教学实践两个层面。

1. 提升课程质量

所谓提升课程质量，是指通过课程评价可以对课程提供某些必要的修订、完善信息，以使其更好地发挥育人载体的作用。

在不同的课程设计阶段，课程评价对课程质量的提升有着不同的表现：①在新的课程尚未设计之前，通过课程评价提出原有课程存在的问题，从而为新的

---

① 李雁冰．课程评价论．上海：上海世纪出版社集团，2002：7.
② 靳玉乐．现代课程论．重庆：西南师范大学出版社，1995：426.
③ 李雁冰．课程评价论．上海：上海世纪出版社集团，2002：7-8.
④ 廖哲勋，田慧生．课程新论．北京：教育科学出版社，2003：403-404.

课程提供参照，明确课程目标的重点，为改进课程提供方向性；②在新的课程开始设计之后，通过课程评价进一步来诊断课程设计的过程是否科学、合理，并进一步改进，逐渐完善；③在新的课程已经设计出来之后，通过课程评价还可以进一步分析所设计出来的课程中的课程目标是否科学、合理，所选择的内容是否科学、合理、全面，对课程进行的组织是否科学、合理等。另外，还要进一步分析新的课程在课程目标、课程内容的选择和组织方面有无遗漏等，如果有遗漏的方面还可以进一步补充完善。

2. 改进教学实践

如果说提升课程质量主要是从课程设计的角度来把握课程评价对于课程的功能的，那么改进教学实践则是从课程实施的角度来把握课程评价对于课程实施提供的功能的。

课程评价对于教学实践的改善主要通过以下三个方面来实现：①评价课程目标是否落实。判断教师在教学过程中是否落实了所规定的课程目标，包括这些目标落实的质量、落实的水平等方面。②评价课程内容是否落实。判断教师在教学过程中是否落实了所规定的教学内容，包括是否存在教学中对课程内容进行增添或遗漏。如果有增添或遗漏，要弄清楚为什么要增添或遗漏，其依据是否充分、合理。如果充分合理，则为课程修订提供了基础；如果不充分合理，则需要在今后的教学中进行改正。③对教学效果进行评价。教学效果评价作为教学评价中的重要方面之一，也离不开课程评价的指导。这是因为，教学效果的评价需要有评价的标准，即根据什么来进行评价，而这恰恰是课程评价方面的内容。

第二节　课程评价的内容

课程计划、课程标准和教材既是引导和规范课程实践的课程文件，也是课程评价应着重关注的内容。

一、课程计划评价

课程计划方面的评价主要包括有课程编制的指导思想的评价、课程目标的评价、课程设置的评价和课程实施的评价。

1. 课程编制的指导思想的评价

课程编制的指导思想的评价就是对课程设置价值取向的评价。在具体评价时主要从以下三个方面着手：

1）对社会需求进行调查。由于课程与社会的需求密不可分，所以就需要深入了解社会对课程有些什么样的需求。只有了解了社会对课程的需求，才能有针对性地进行调整，并为课程编制指导思想提供实践基础。

2）对现行课程问题进行诊断。虽然任何课程在设计时都会尽可能地与时代保持一致，尽可能地完善，但这种一致性和完善性却往往是短暂的。随着时代的变化，过去看来很好的课程也可能会存在诸多问题，从而引发新一轮的课程改革。课程改革首先要解决的任务就是对课程计划进行改革。而课程计划的改革又是建立在对现行课程进行诊断的基础之上的。

3）对课程价值观进行评价。课程价值观往往是课程改革能否取得成功的关键。因此，在对课程编制的指导思想进行评价时还必须对其课程价值观进行评价，看其是否与设想的课程改革方案的方向、理论基础相一致。

2. 课程目标的评价

课程目标的评价主要包括以下三个方面的内容：

1）课程目标与培养目标的一致性。由于课程目标与培养目标之间的承袭关系，客观上要求课程目标必须与培养目标相一致。只有这样，目标才能更好地落实培养目标所确定的要求。因此，对课程目标进行评价，首先就需要判断其与培养目标之间的一致性程度。

2）课程目标实现的可行性。课程目标的实现取决于一系列的限制。只有具备了这些条件，课程目标才有可能实现。如果不具备这些条件，再好的课程目标由于难以实现而没有什么价值。因此，对课程目标进行评价，还包括对其可行性的条件，如师资队伍状况、学生的思想准备状态、教学设备、教学技术手段等进行判断。

3）课程目标表述的准确性。课程目标表述是指对课程所确定目标的陈述。虽然不同的课程目标陈述方式各不相同，但都要求课程目标的陈述必须是准确的。否则，模糊的课程目标陈述既会影响到师生对课程目标的理解，也会影响到课程目标的实现。因此，课程目标的评价还必须对课程目标的陈述进行评价，看其是否准确、清晰。

3. 课程设置的评价

课程设置的评价包括课程结构合理性与课程安排合理性两个方面。

课程结构合理性方面的评价主要是指各类课程之间的比例是否恰当协调。一般来说，课程结构合理性需要考虑的方面主要有：一是国家课程、地方课程和校本课程的比例；二是必修课程与选修课程的比例；三是工具性课程、知识性课程和技艺性课程的比例；四是学科课程、活动课程及综合实践活动课程的比例等。

课程安排合理性方面的评价主要是指各类课程在课时总量、年级课时、学期课时、周课时方面的安排是否合理。

4. 课程实施的评价

由于课堂教学是课程实施的基本途径，因此，课程实施的评价实际上也就是教学评价，涉及对教学任务、教学原则与方法、学习方法、学习风格、教学组织形式、教师的态度和作用、教学环境等多个方面的评价。

二、课程标准评价

课程标准评价的内容主要包括学科课程目标和学科课程内容两个方面。

1. 学科课程目标的评价

学科课程目标的评价主要包括以下三个方面：

1）看学科课程目标与课程计划中所确立的总体课程目标是否一致。学科课程目标受课程总体目标的制约，是为课程总体目标服务的。一方面要求学科课程目标必须与课程计划所确立的总体课程目标相一致；另一方面也要通过课程评价来判断两者是否一致。

2）看学科课程内容是否有助于学科课程目标的实现。课程目标需要通过具体的内容得到反映和落实。因此，在进行评价时不仅要看课程内容与课程目标两者在形式上是否一致，而且还要看两者在实质上是否一致。

3）看学科课程目标与学生身心发展是否一致。学科课程目标必须建立在学生身心发展的基础上。任何脱离学生身心发展的形式都会影响到该课程目标的实现。因此，在进行评价时还要看其是否与学生的身心发展水平相一致。

2. 学科课程内容的评价

关于学科课程内容的评价，实际上也就是指学科课程内容的选择标准。对于学科课程内容的选择标准，人们也同样存在着不同的认识。这里以多尔（Doll，R.C.）所提出的七个方面的依据来进行说明：①作为学科内容的有效性与意义；②博览与深学内容之间的平衡性；③满足学生需要与兴趣的适当性；④内部重点部分的时效性；⑤事实与其他次要内容和主要观点与概念的关联性；⑥内容的可学性；⑦由其他学科领域迁移过来的可能性[1]。

三、教材评价

教材评价涉及教材的方方面面。一般来说，教材评价应从以下五个方面来进行[2]。

1. 知识维度与教材内在质量水平有着密切的关系，也是分析评估教材的重要方面

这一维度的评价主要涉及五个方面：一是教材内容对学生素质发展的必要性和典型性；二是教材内容反映学科基本结构和发展方向的水平；三是教材内容与学生生活环境的联系程度；四是教材内容及组织、表达方式的科学性；五是教材内容与其他学科的配合协调程度。

2. 思想品德与文化内涵是衡量教材内在质量水平的另一重要维度

这一维度的评价同样涉及五个方面：一是教材所体现的辩证唯物主义和历史唯物主义思想；二是教材所体现的价值观、人生观和道德观；三是教材在激励学生的探索精神、创造精神和实践方面能力的水平；四是教材对科学精神和科学态度的倡导水平；五是教材对中华文化和人类文化的认识。

3. 学生既是教材最主要的受益者，也是教材评价的重要维度

这一维度的评价也包括五个方面：一是教材能否调动学生的兴趣，激发学生的求知欲；二是教材能否从多方面来强化学生的感知和知识发生过程；三是教材能否引导学生主动建构新知识；四是教材对学生的起始程度要求和预定发展目标是否合适；五是教材是否符合学生心理发展的成熟程度，遵循学生心理发展的规律。

---

[1] 陈玉琨，等 . 课程改革与课程评价 . 北京：教育科学出版社，2001：174.

[2] 钟启泉，崔允漷，张华 . 为了中华民族的伟大复兴 为了每位学生的发展 . 上海：华东师范大学出版社，2001：335-337.

4. 编写和出版印刷既是影响教材质量的外在尺度，也是教材评价应考虑的维度

这一维度的评价也包括五个方面：一是教材的文字编写水平；二是教材插图与文字的配合程度及制作水平；三是教材编写形式的丰富程度和相互配合水平；四是教材的版式设计水平；五是教材的印刷工艺质量。

5. 可行性是对教材在实际使用中的便利性，也是教材评价应考虑的维度

这一维度的评价包括六个方面：一是教材与学生水平的适应程度；二是教材与教师水平的适应程度；三是教材与学校资源环境的适应程度；四是教材与使用教材的地区的经济与社会发展的适应程度；五是教材的教学设计与实际使用情况的符合程度；六是教材预定的教学目标在实际中的达成情况。

第三节　课程评价的模式

一、目标达成模式

目标达成模式（goal-attainment model）是泰勒在其评价原理的基础上，结合课程编制实践提出来的。

泰勒把课程编制活动概括为四个步骤，即确定课程目标、选择课程内容、组织课程内容和课程评价。在这四个步骤中，虽然课程评价是作为第四个步骤出现的，但不能只认为评价是第四个步骤的事情。事实上，前面三个步骤都离不开评价。因此，可以把前面的三个步骤看作是评价准备阶段。因此，从评价的角度来看，评价的第一步就是要定义目标，以便了解这些目标实际上达到的程度。第二步是要确定评价的情境，以便学生有机会表现出目标所指的那种行为。所以，评价就是要确定预期课程目标与实际结果相吻合的程度。

目标评价模式意在通过课程评价找出实际结果与课程目标之间的差距，并以此为据作为对课程计划或课程目标进行修订的依据。这种模式虽具有操作简便、容易见效的优点，但也存在过于关注预期目标而忽视非预期目标的局限。另外，在评价的过程中，目标自身的合理性又是根据什么来判断，也是一个颇遭人非议的难题。"目标达成模式"存在的这些问题使其自身也成了目标，成为众多课程评价模式批判反思的对象。

二、目的游离模式

目的游离模式（goal-free model）是美国研究者斯克里文（Scriven，M.）针对目标评价模式只关注课程计划的预期效应而忽略课程计划的实际效应的弊病提出来的。

斯克里文主张采用目的游离评价的方式，强调课程评价的重点应从"课程计划预期的结果"转向"课程计划实际的结果"。在他看来，课程评价不应受预期的课程目标的影响。根据预定的课程目标来评价，不仅没有必要，而且很可能是有害的。因为这会使评价者受课程目标的限制，大大缩小课程评价的范围，从而削弱课程评价的意义。所以，斯里克文要求评价者在课程评价的过程中，要尽可能收集大量有关实际效应的资料，进而评价这些效应在满足教育需要方面的重要性，并据此提出修改课程方案的各种建议。

确实，课程评价除了要关注预期的结果之外，还应关注非预期的结果；课程评价不应该只指向课程计划满足目标的程度，而更应该考虑课程计划满足实际需要的程度。但如果把课程目标完全搁置起来去寻找各种实际效果，实际很可能顾此失彼，背离课程评价的主要目的。另外，因为评价者总是会有一定的评价准则，所以目的完全"游离"的评价也是根本不存在的。如果在课程评价时游离了课程编制者的目的，评价者很可能会用自己的目的取而代之。而且，由于目的游离评价没有一套完整的评价程序，所以严格地讲，它不是一个完善的模式。所以有人把它当作一种评价的原则，这不无道理。

三、背景、输入、过程、成果（CIPP）模式

背景、输入、过程、成果（CIPP）模式是由斯塔弗尔比姆（Stufflebeam，D.L.）提出来的。

斯塔弗尔比姆认为，课程评价不应局限在评定目标达到的程度，而应该是为课程决策提供有用信息的过程。在他看来，课程评价中要做出四类决定：计划决定、组织决定、实施决定和再循环决定。与这四种决定类型相对应，形成了四种评价类型：背景评价、输入评价、过程评价和成果评价。

这四种评价方式的内容各不相同：背景评价是最基本的评价类型，目的在于对实现预期课程目标的各种情境进行分析，进而提供一个确定目标的基本原则；输入评价作为 CIPP 课程评价模式的第二步，重点在于完成对课程目标的各

种策略进行评估以明确其优缺点；过程评价是对课程实施过程的评价，以判定预期的策略和实际执行的活动之间的一致性程度；成果评价是对课程实施结果的评价，旨在分析效果的优劣状况，以便决策者做出是否继续、改变或终止的决定。

上述评价都包括以下六个步骤：①决定评价的对象和目的；②明确资料类型；③收集资料；④界定评价对象的质量标准；⑤分析资料；⑥提供决策者所需要的情报信息。

CIPP 评价模式考虑到影响课程计划的种种因素，可以弥补其他评价模式的不足，相对来说比较全面。但这种评价模式也存在着操作过程比较复杂，一般人很难掌握和运用的局限。

四、外观模式

外观模式（countenance model）又称符合—关联性模式（congruence-contingency model）、应答模式（responsive model）。

斯塔克（Stake，R.）提出认为，课程评价应该从前提条件、相互作用和结果三个方面收集有关课程的材料：前提条件是指教学之前业已存在的、可能与结果有因果关系的各种条件；相互作用是指教学过程，主要是指师生之间和学生之间的关系；结果是指实施课程计划的效果。对于这三个方面，都需要从描述与评判两个维度做出评价：描述维度包括课程计划打算实现的内容和实际观察到的情况这两方面的材料；评判维度也包括根据既定标准的评判和根据实际情况的评判两个方面。外观模式的主要内容如表 17-1 所示：

表17-1　斯塔克外观评价模式

领域 \ 矩阵	描述矩阵		评判矩阵	
	打算做的	观察到的	既定标准	实际情况
前提条件（教师与学生的特征、课程内容教材、社会背景等）				
相互作用（交往流程、时间分配、事件序列、社交气氛等）				
结果（学生成绩、态度、动作技能、对教师及学校的影响等）				

按照外观评价模式，课程评价活动要在整个课程实施过程中进行观察和收集资料，注重描述和评判在教学过程中出现的各种动态现象，并不仅限于教学结果的检查。由于它把课程实施过程前后的材料作为参照系数，比以前的评价模式更为周到。但由于把个人的观察、描述的判断作为评价的主要依据，很可

能渗入个人的主观因素。

五、差距评价模式

差距评价模式（discrepancy evaluation model）是由普罗佛斯（Provus，M.）提出的。

在普罗佛斯看来，单纯进行课程计划之间的比较是没有意义的。这是因为事实上一些自称在实施某种课程计划的学校，并没有按照该课程计划来运作。因此，课程评价应重在揭示计划的标准与实际的表现之间的差距，以此作为改进课程计划的依据。

差距评价模式把课程评价划分为五个阶段：①设计，界定方案的目标以及达成目标的教学方法；②装置，检查设施的情况是否与设计蓝图相符合；③过程，判断课程方案的实施情况，并比较实际表现与标准间的差异程度；④结果，检查课程是否达到预期目标，把设计阶段确定的目标同学生的实际表现进行对照，从中发现差异；⑤比较，通过比较获得各种方案的有关实际情况与标准之间的落差、差距的信息。因此，差距评价模式的每一个阶段都包括标准、实施情况、比较、落差或差异四个要素。

差距评价模式注意到课程计划应该达到的标准（应然），与各个阶段实际表现（实然）之间的差距，并关注造成这种差距的原因，以便及时做出合理的抉择，这是其他评价模式所不及的。但在"应然"与"实然"之间，会遇到许多用一般评价手段难以解决的价值判断的问题。

六、CSE 模式

CSE 是美国加利福尼亚大学洛杉矶分析评价研究中心提出的课程评价模式。该评价模式包括四个阶段，每一个阶段都与一种特定的决策相联系。

1）需要评估，又称为"问题的选择"。这一阶段主要进行两个方面的调查：①调查人们需要教育完成什么任务，以确定教育的需要；②找出预期得到的与预期不想得到的东西之间的差异，以确定教育的目标。

2）选择计划，又称为"计划的选择"。这一阶段主要是对各种可供选择的计划在达成目标方面的有效性和成功的可能性做出评价，包括对课程内容与目标一致性程度，以及资金、设备和人员配备情况的分析评价。

3）形成性评价，又称为"计划的修正"。这一阶段的重点是发现课程计划在教育过程中成功与不足之处，以便随时修正某些偏离目标的地方，从而保证目标的达成。

4）总结性评价，又称为"计划的批准或采纳"。在这一阶段，往往会直接涉及该项课程计划是推广，还是保留、修正或终止。

由于 CSE 模式把评价活动贯穿于课程改革的全过程，使形成性评价与总结性评价得到了较好的统一，因此在课程评价中运用得相当广泛。

七、自然探究模式

自然探究模式认为，科学（严格意义上的科学）探究的方法仅仅是人类许多求知方法中的一种，如果以为这是探究人类社会现象的唯一方法，就大错而特错了。由于自然探究模式不主张采用固定的研究方法，而是根据实际情况而定，所以，严格来说，它并不是一种评价模式，而是一种研究方法论。自然探究模式的课程评价具有这样一些主要特征：①注重自然情境的研究；②注重定性的研究方法；③注重从事实归纳中获取理论；④注重个案分析；⑤注重缄默的或不言而喻的知识（tacit knowledge），如"直觉""感受"等；⑥研究设计是逐渐形成的，每一步骤都是前一步骤的自然延伸；⑦研究者是研究情境中的一分子，以便产生移情效应。

自然探究模式搜集资料的方法包括观察、访谈、调查、间接测量等，并对研究结果的可信性、推广性、可证实性和客观性等，都有自己特定的理解和解释。

八、鉴赏评价模式

鉴赏评价模式（connoisseurship evaluation model）是由美国学者艾斯纳（Eisner，E.）提出来的。

前述课程模式大多侧重于评价的量和技术，致力于对课程目标的实现情况进行定量分析。艾斯纳认为这样的"科学"的评价方法存在一些明显缺点。运用科学的方法，强调的是控制和预测，但教育现象十分复杂，实际上是无法完全控制和预测的。为此，艾斯纳认为要采取科学以外的方法，注重那些不易测量的品质，关注那些不易量化的内容来对教育现象进行评价。

艾斯纳根据自己的上述见解及其在审美学和艺术教育方面的专业背景，提出以"鉴赏"的方式对课程进行评价，即鉴赏评价模式。在他看来，课程评价是一种"鉴赏"的艺术，而不是一种测量和评价的技术。因此，一个成功的评价者必须具备高度的"鉴赏能力"，只有这样才能发现那些参与课程实施的人赋予课程活动什么样的意义。

艾斯纳认为评价者的任务在于对课堂上发生的各种现象进行"鉴赏"，以便提供一个清晰的图画，从而使人们充分认识到教育现象的丰富性和复杂性，并借此了解教育活动的某些性质和特征，以便做出进一步的改进和提高。

为了揭示课堂生活的意义，艾斯纳提出可借助影片、录放影带、相片、记录师生谈话和分析学生作品等工具或手段，以弥补教育评价所提供的信息在质与量上的不足。

虽然这种课程评价模式倡导从整体上认识教育现象，对之进行全面的、具体的考察和评价，是很有启发意义的，但在实际操作过程中却比较难以掌握，实际的运用也并不多。

上述各种课程评价模式都有其长处和短处，在进行课程评价时我们需要在深刻领会课程评价模式内涵的基础上，根据特定的评价对象、评价目的等选择合适的评价模式，而不是简单地照搬套用。

第四节　课程评价的方式

世界上正在形成的"评定改革运动"[①] 中诞生了一系列新的课程评价方式。档案袋评价（portfolio assessment）和表现性评价（performance assessment）就是其中两种最为突出的课程评价方式。

一、档案袋评价

1. 档案袋评价的内涵

档案袋评价是通过汇集的作品对学生进行评定的评价方式。因此，档案袋就成了理解档案袋评价的重要前提。从语义上来看，档案袋的英文是"portfolio"，有"代表作选辑"的意思。画家和摄影家最先使用这种形式，他们把自己的具有代表性的作品汇集起来，向预期的委托人进行展示。后来，人们

---

① 钟启泉，崔允漷，张华. 为了中华民族的伟大复兴 为了每位学生的发展. 上海：华东师范大学出版社，2001：289.

把这种做法应用到教育评价中，就出现了档案袋评价这一新型的课程评价方式。因此，档案袋就是学生自己经过长期地、有目的地、有计划地对自己学习过程和成果的信息、资料累积起来的集聚物。这种汇集在一起的作品不但可以记录学生成长和发展的历程，而且还可以使人们能够从中清楚地看到其学习和发展的过程、目标达成度的强与弱等，并可以为其制定有计划的指导。

对档案袋评价的理解，需要注意以下三个方面：

1）档案袋的创造者是学生本人。档案袋作为学生对于自己学习过程的总结和展示，只有学生本人才有权建立，其他人无权干涉。

2）档案袋中的内容选择是有目的的，不是随意的。档案袋的形成过程实际上也就是学生对与自己有关的各项活动、材料等的收集、选择和反思的过程。这也即档案袋的内容不是简单地堆积，而是经过精心选择的。

3）教师要对档案袋的内容进行随机的反馈。虽然学生本人是档案袋的创造者，他人无权干涉，但这并不意味着其他人没有提出建议的权利。之所以建立学生档案袋，涌现出档案袋评价，实际上就是想借助教师的反馈指导以更好地促进学生成长。当然，需要说明的是，教师对档案袋进行反馈指导是随机进行的，否则，既会增加教师的工作负担，也会增加学生的心理压力。

2. 档案袋评价的类型及构成

研究者们从不同的角度对档案袋评价进行了不同的划分。这里只对格莱德勒和比尔·约翰逊的分类加以介绍。

先来看格莱德勒的分类。美国南卡罗米纳大学教育学院教育心理学教授格莱德勒（Gredler, M.E.）根据档案袋的功能，把档案袋评价分为理想型、展示型、文件型、评价型及课堂型。每种类型的具体内容见表 17-2[①]：

表17-2　档案袋评价类型

类型	构　成	目　的
理想	作品产生和入选说明，系列作品及代表学生分析和评价自己作品能力的反思	提高学习质量。通过一段时间的成长，帮助学习者成为自己学习的思索者和非正式的评价者
展示	主要由学生选择出来的最好和最喜欢的作品集。自我反思与自我选择比标准化更重要	给由家长和其他人参加的展览会提供学生作品范本
文件	根据一些学生的反映以及教师的评价、观察、考察、轶事、成绩测验等得出的学生进步的系统性、持续性记录	以学生的作品、量化和质性评价的方式，提供一种系统的记录
评价	主要由教师、管理者、学区所建立的学生作品集。评价的标准是预定的	向家长和管理者提供学生在作品方面所取得成绩的标准化报告
课堂	由三个部分组成：（1）依据课程目标描述所有学生取得的成绩的总结；（2）教师的详细说明和对每一个学生的观察；（3）教师的年度课程和教学计划及修订说明	在一定情境中与家长、管理者及他人交流教师对学生成绩的判断

---

① 李雁冰. 课程评价论. 上海：上海世纪出版集团，2002：206-207.

在格莱德勒所划分的五种类型中，由于理想型意在帮助学生成为对自己的学习历史具有思考能力和进行非正式评价的能力，被作为提高学习质量的工具而成为最有代表性的类型。

再来看比尔·约翰逊的分类。比尔·约翰逊根据入选材料的性质的不同，把学生档案袋分为最佳成果型、精选型和过程型三种。

最佳成果型学生档案袋（best-works portfolio）是通过收集学生在某一学科或某一领域的最佳成果，来对学生在这一学科或这一领域内达到的水平做出评定。选入的材料不拘泥于形式，只要能反映出学生在这一学科或这一领域内的最高水平即可。

精选型学生档案袋（selection portfolio）要求学生收集的不只是最高水平的反映，还应是他们感到最困难的典型成果例证。这样的学生档案袋能深刻反映学生成长的概要，高度揭示学生取得的一般成绩。

过程型学生档案袋（process portfolio）致力于寻求为学生的不断发展积累信息与证据，为师生双方及时地提供学生学习进展的实际情况，以便调整下一步的学习与指导。

无论是格莱德勒的分类，还是比尔·约翰逊的分类，都包括学生放入档案袋的内容、教师对学生档案袋的评价与反馈。

3. 档案袋评价的优缺点

档案袋评价作为通过记录学生在一定时期内的一系列成长历程，然后基于这样的成长历程进行的形成性评价，具有以下六个方面的优点：①能够提供学生学习过程中的形成性信息，有助于形成性评价与终结性评价的有机结合；②能够促进学生对学习过程的自我监控和自我反思，有助于学生元认知能力的发展；③能够全面反映学生学习与发展过程中的重要信息，有助于评价的开放性与全面性；④能够真正使学生成为评价的主体，注重学习过程中的动态评价；⑤能够充分体现学生的个性化发展，有助于教师进行有针对性的指导；⑥能够促进教师与学生间的沟通与交流，有助于形成和谐、友好的师生关系。

当然，档案袋评价也存在两个突出的缺点：①学生档案袋的效度很难保证；②档案袋评价工作量太大，需要教师付出更多的时间和精力。

二、表现性评价

1. 表现性评价的内涵

表现性评价作为一种与传统的纸笔型评价相迥异的评价方式，是通过学生完成特定任务的外部行为表现来评价学生在课程中的表现的评价方法。

这种评价方式呈现出如下四个方面的特点：

1）表现性评价是通过真实的问题情境来进行的真实性评价。现代认知心理学认为，问题空间是影响问题解决的重要因素。一般来说，那些直接的、具体的问题由于其可感性强，问题空间相对而言较为明晰，而那些间接的、抽象的问题其于其可感性弱，问题空间相对而言较为模糊。因此，表现性评价主要是基于真实的、直接的、具体的问题来进行评价，问题的可感性强，问题空间相对较为明晰。

2）表现性评价是用多个评价标准来进行的复合型评价。一方面，任何活动都会有多种可能的解决思路；另一方面，即使同一解决思路，也会有不同的解决水平。两相交织使得解决问题的方式各不相同，甚至相互间根本不具有简单的可比性。因此，必须用多个标准进行复合型的评价才能全面、客观地反映出学生解决问题的水平和能力。

3）表现性评价关注知识技能的实际应用和非智力因素的发展。表现性评价关注知识技能的实际应用和非智力因素的发展，相对于知识本身的理解而言，表现性评价更加关注知识技能的实际运用，即运用这些知识技能解决实际问题的能力，而不是掌握知识的数量。与此同时，表现性评价还关注在运用知识技能解决问题的过程中学生的情感、态度、兴趣、动机等一些非智力因素的表现。

4）表现性评价需要综合运用多个学科的知识和和技能才能加以解决。直接、真实、可感的问题并不意味着问题本身是简单的。恰恰相反，这些问题由于需要多个方面的知识和技能而往往较为复杂。解决这样的跨学科的问题往往需要综合运用多个学科的知识和技能。

2. 表现性评价任务的类型

构成表现性评价的任务主要有六种类型：

1）完成评价者事先精心设计并指定的、相对比较简单的结构性表现任务。通过对学生完成任务时所开展的活动及结果的分析，可较清楚地判断学生在某一知识和技能领域基本的发展状况。结构性表现任务可以是纸笔表现，也可以是非纸笔表现。在纸笔表现任务中，经常使用"设计""建立""创作"等行为动词，如设计一个电路图，创作一首诗等。非纸笔表现是指事先设计的要求学生使用除纸笔以外器具来完成的表现性行为。例如，要求学生用一套四个三角形拼出不同的几何图形，拼出的几何图形越多越好；演示如何将酸和水混合等。

2）口头表达，要求学生以独白或对话的形式来完成的表现性任务，如课堂演讲、参与辩论等。通过这种测试任务，可以较好地反映学生的表达能力、思维的逻辑性和概括能力、临场发挥能力，也能反映出学生对知识的理解程度。

3）完成以配合或代替真实情境中的角色，局部或全部模拟情境而设立的表现性任务。例如，学生以角色扮演的方式模拟法庭审判、招聘会等进行社会课程的学习。在模拟表现性任务中学生的综合素质可以得到较好的表现。

4）做实验或调查。实验和调查可以涉及自然科学和社会科学两大领域，活动的方式可以是实地调查、问卷调查和实验室实验（主要用于自然科学），也可以是自然情境下的体验（主要用于社会科学）。例如，开展一系列研究来寻找水污染的原因、调查家庭一天的用水量等，这类任务可以由个人独立完成，也可以由小组合作完成。

5）作品创作，如要求学生创作一首诗歌、一幅画或制作一个东西等。这类任务可以深入地考查学生的表现力、想象力和制作能力等多个方面的能力。

6）要求学生针对某一研究课题开展研究，运用多种科学研究方法完成某种特定的研究项目。这类任务非常接近于科学研究活动，是对科学家的科学研究活动的模拟，有的时候就是真实科学研究活动的一部分。所以，这类任务可以充分而全面地反映出学生运用知识的能力、科学探究的能力。

第十八章

课 程 管 理

管理出效益也同样适用于课程活动中。可以说，课程管理是整个课程活动系统中的重要组成部分，直接影响到课程建设的质量和课程实施的水平。也正因如此，世界上很多国家和地区都非常关注课程管理。

第一节　课程管理的内涵

一、课程管理的定义

尽管人们对于课程管理做出了各不相同的界定，但也表现出了共同的旨趣，即课程管理者通过各种方式和途径在切实地提高课程质量、更好地促进课程实施的基础上促进受教育者更好的发展。基于这一把握，可把课程管理理解为课程管理主体根据其权责对课程所采取的各种调控方式的总和。这表明，课程管理具有以下四个方面的要义：

1）目标明确。概括起来，课程管理的目标有二：一是提供优质高效的课程，二是保证课程的有效施行。其中，提供优质高效课程是有效施行课程的前提，而有效施行的课程又可进一步为优质高效课程的设计提供基础。两者都需要通过课程的管理活动来进行协调、组织和保证。因此，课程管理就是围绕上述目标进行的，而且，在具体的课程管理活动中还必须紧紧抓住这些目标。

2）内容丰富。课程管理的内容涉及课程的方方面面。从宏观方面上来看，涉及课程目标的确定、课程方案的研制、课程计划的确立等；从微观方面上来看，涉及课程实施过程中相应的要求与保障等。而且，上述课程管理内容还可以进一步进行细分出更为具体的内容。这些都表明了课程管理内容的丰富性。

3）方式多样。课程管理方式的多样性主要表现在以下两个方面：一是由于课程管理的具体任务不同，课程管理的具体阶段不同，往往会采用各不相同的方法；二是面对相同的课程管理任务，在相同的课程管理阶段中，课程管理主体也往往会运用多种方法来进行管理。

4）权责匹配。课程管理主体在进行课程管理时是在自己的职权范围内根据权责相统一的原则来进行的。因此，不同的课程管理主体虽然各自的职权和责任并不完全相同，但在进行课程管理时必须根据自己的职权和责任来履行相应的职权，承担相应的责任，既不可逾越自己的课程管理权限，也不允许不负责任地推诿自己的课程管理责任。

二、课程管理的特性

1. 层级性

国家、地方和学校作为三个不同的课程管理层级，分别根据各自的职权承担相应的课程管理活动。国家层面主要实施对课程进行的宏观管理，如确定课程目标、制定课程方案、规定课程计划等。地方层面一方面负责具体落实国家层面对课程的各项管理制度、管理保障；另一方面也根据自己所辖地方的实际情况来制订本辖区范围内的特定情况的课程管理。学校层面主要实施对课程的微观管理。这主要表现为对国家层面和地方层面确定的课程管理的具体落实。同时，也可以根据学校的实际情况，对课程进行一定程度的调整。

2. 动态性

课程管理的动态性首先就表现为上述不同层面在课程管理活动中的上传下达与下情上达。不同层级的课程管理主体一方面会把各自对课程的各种管理要求向下传递，并逐级落实；另一方面也会把各自在课程管理实践中发现的问题、总结的经验进行汇报、分享。另外，课程管理的动态性还表现为在不同的课程管理阶段中课程管理任务的延续。尽管在不同阶段，课程管理的具体任务不尽相同，但却都围绕课程管理的旨趣，共同致力于课程自身建设和课程实施质量的提升。

3. 复合性

课程管理的复合性首先表现为课程管理主体的复合，即课程管理主体并不是由单一的组织或者个体来承担，而是在多个层面上由不同的课程管理主体共同承担的。其次是课程管理内容的复合，所有与课程设计及其施行相关的方面，如人、财、物、课程信息、课程资源等都属于课程管理活动的内容。三是课程管理过程的复合。尽管从大的方面可以把课程管理的过程划分为启动、实施和反馈阶段，但在具体的管理过程中，这些阶段之间并不是截然分离，而是有机地融合在一起的。四是课程管理方法的复合。课程管理活动有多种多样的方法，如行政法、咨询法、审议法等。虽然课程管理活动可以单独运用这些方法，但更需要把这些方法融合起来，共同运用于课程管理活动。

4. 科学性

课程管理活动已经不再可以像以往那样仅凭经验或个人主观臆断，逐渐走上依靠科学化的轨道，按照科学的规律和科学的方法来进行。

三、课程管理的分类

根据不同的标准，可以把课程管理划分为不同的类型。

1）根据学校层级可把课程管理划分为中小学课程管理、中等学校课程管理和高等学校课程管理，分别针对中小学校、中等学校和高等学校里的课程进行管理。

2）根据学校性质可把课程管理内容划分为普通学校课程管理、职业学校课程管理和特殊学校课程管理。普通学校课程管理主要是指承担普通教育学校里的课程进行的管理，又有普通中等学校课程管理、普通高等学校课程管理之别。职业学校课程管理主要是指承担职业技术教育学校的课程进行的管理，又有中等职业学校课程管理、高等职业学校课程管理的区分。特殊学校课程管理主要是指承担盲、聋、哑等特殊教育任务学校里的课程进行的管理。

3）根据系统流程可把课程管理划分为课程目标管理、课程审订管理、课程方案管理、课程实施管理。课程目标管理是指对课程目标的确定、修改、完善等进行的管理。由于课程目标在课程活动中的重要性，因此，课程目标管理也是课程管理的重要内容。课程审订管理是指对课程的内容、形式、结构等进行审订，鉴别其是否符合课程目标的要求，是否进行可行性等进行的管理。课程方案管理是指对课程方案的设置、课程方案的落实、课程方案的保障等进行的管理。由于课程实施等在很大程度上都是根据课程方案来进行的，因此对课程方案的管理也是课程管理中的重要内容。课程实施管理是指对经过审订后的课程方案在具体的课程实践中的落实程度进行评价和监管，以督促并落实。

4）根据管理主体可把课程管理内容划分为国家层面的课程管理、地方层面的课程管理和学校层面的课程管理。国家、地方和学校分别作为课程管理主体行使各自的管理职责并承担相应的责任。三者各自在课程管理活动中的职责将在下面详细讨论，这里就不再赘述。

第二节　课程管理的内容

国家、地方和学校三个层面不但各自课程管理职权不同，而且所承担的课程管理内容也各不相同。在进行具体的交代之前，还有两点首先需要说明：一是下面各个层级的课程管理内容是以我国的情况为例来说明的；二是这里所说的课程管理主要是针对基础教育的课程管理。

一、国家课程管理的内容

国家课程管理是由国家最高教育行政部门来承担和施行的对课程进行的管理活动。

由于国家教育行政部门在课程管理方面的主要职能是制定国家基础教育培养目标、课程计划框架和课程标准等宏观的课程政策，并监督地方和学校贯彻执行些方针政策，所以其课程管理的内容既广泛又重要。

- 宏观指导我国基础教育的课程改革，并具体制订相应的课程政策以及国家基础教育课程计划框架。
- 组织制订或修订、审订我国基础教育各个阶段的课程计划。包括统一规定国家课程在各个教育阶段中的中观课程结构，如学习领域或科目数、总课时、周课时以及课时分配结构，严格控制学生的活动时间量与基本学业负担。
- 颁布国家课程中各学科或学习领域（尤其是核心课程）的课程标准，确保学生统一的、基本的学业要求，规定国家基本的教育质量。
- 制订国家课程实施过程的指导性意见，尽可能缩小理想课程与现实课程的差距。
- 制订并颁布基础教育课程的评价制度，确保国家基础教育课程在各个阶段的目标得到很好的实现。
- 制订三级课程开发与管理的政策。结合我国的实际情况，编制地方课程与校本课程的开发与管理指南，在《课程计划》规定的范围内，积极鼓励有条件的地方或学校开发地方课程和校本课程。

- 制订教科书或教材开发与管理的政策。如定期向学校和社会公布经审定的中小学教材目录，并逐步建立中小学教材巡展制度。

二、地方课程管理的内容

地方课程管理是由地方教育行政部门来承担和施行的对课程进行的管理活动。尽管根据国家机关的层级性，又可以划分为省县两个不同层级教育行政部门分别承担和施行的课程管理，但由于都是在自己的教育行政管辖范围内根据当地的实际情况对国家课程管理的方针、政策等的具体落实，因而又具有某些共同性，如严格执行国家课程计划和课程标准等方针政策，并按地方的实际情况与发展需要，为落实国家课程标准制订具体的方案，开发好地方课程，以及指导学校合理地实施地方制订的课程计划。

- 省（自治区、直辖市）一级教育行政部门按照国家课程计划的要求，制定本地实施的各个教育阶段的《课程计划》，并报教育部基础教育司备案。同时，制订推广这一计划的具体措施。
- 依据教育部颁发的《地方课程管理指南》，组织专家或与专家合作开发地方课程（包括课程标准与教材），并制订学校实施这类课程的指导性意见。
- 通过下属各级地方教育行政部门，负责监督与评估当地学校执行国家规定的《课程计划》状况，以确保已颁布的各个教育阶段的课程计划能够全面落实。
- 通过下属各级地方教育行政部门，负责指导学校制订实施《学校课程计划》的具体方案，并具体指导学校开发校本课程。
- 县级教育行政部门要在规定的时间内审议各中小学上报的《校本课程开发方案》，并反馈审议意见。

三、学校课程管理的内容

学校课程管理就是由学校来承担和施行的对课程进行的管理活动。学校既是执行计划的机构，也是理想课程转为现实课程的主阵地，因此其课程管理的内容相对而言较为具体。

- 学校根据教育部和本省（自治区、直辖市）课程计划的有关规定，从当地社区、学校的实际出发，制定《学校学年课程实施方案》，报县级教育行政部门备案。

- 依据教育部颁发的《学校课程管理指南》，结合本校的传统和优势，与校外有关专家合作，开发适合自己本校实际情况的校本课程，提供给不同需求的学生选择。《校本课程开发方案》必须在规定的时间内报县级教育行政部门审议。
- 学校有权选择经过国家一级审定或省一级审查通过了的教材。教材的选应择体现民主原则，必须有教师代表、学生及其家长代表参加。
- 学校有权利和责任反映国家和地方课程计划在实施中所遇到的问题，同时建立校本课程的内部评价机制，以保证校本课程与国家课程、地方课程在目标上的一致性。

第三节　课程管理的原则

课程管理原则作为课程管理活动中所必须遵循的基本准则，规范着课程管理主体的课程管理行为。

一、权责原则

权责原则即承担课程管理活动的课程管理主体的权力与责任相一致。这也即，课程管理主体在行使课程管理权力的同时也必须承担相应的课程管理的责任，既不能只有课程管理的权力而不承担课程管理的责任，也不能只有课程管理的责任而没有课程管理的权力。

贯彻权责原则要求在课程管理活动中必须注意以下三个方面：

1）赋权。即赋予课程管理主体进行课程管理的权力。根据课程管理主体在课程管理活动中的作用给予相应的权力，使他们能够对课程进行管理，是开展课程管理的重要前提。一般来说，课程管理主体可以通过两条途径获得课程管理权力：一是由国家有关法律、法规等赋予一定教育行政部门和学校拥有课程管理权力；二是因特定的任务或要求通过决议、委任等方式赋予一定的社会机构或者人员在特定时期内拥有课程管理权力。

2）担责。即课程管理主体承担相应的管理责任。课程管理责任一般有两种不同的情形：管理过度所应承担的侵权责任和管理过疏所应承担的失职责任。前者是课程管理主体超出了自己所享有的课程管理权力，越俎代庖而应承担的课程管理责任；后者是课程管理主体放弃了自己的课程管理义务，放任自流而应承担的课程管理责任。

3）一致。课程管理主体所享有的课程管理权力和所应承担的课程管理责任必须一致，既不允许享有较多的课程管理权力而履行较少的课程管理责任，也不应该出现享有较少的课程管理权力而承担较多的课程管理责任。

二、层级原则

层级原则又称为分级管理原则，即不同层级的课程管理主体共同致力于课程管理活动。运用层级原则一方面可以避免课程管理权力过于集中所带来的诸如刚性有余弹性不足的弊端；另一方面也有利于调动地方、学校等参与课程管理活动的积极性。

贯彻层级原则要求在课程管理活动中必须注意以下两个方面：

1）合理划分课程管理层级。层级原则要求按照一定的尺度把课程管理主体划分出若干层级。在对课程管理层级进行划分的时候，既不能过疏，也不能过密。过疏不但无法有效地保证课程管理活动的正常运作，而且也可能使得课程管理的权力过于集中，而过密则会使课程管理权力缺乏梯度性，导致课程管理效率不高。

2）课程管理层级内部细分。一是在对课程管理层级进行合理划分之后，还必须根据课程管理的具体对象、具体内容对各个层级内部的课程管理职能再次进行细分，在各个层级内部分工明确、人尽其责，共同做好课程管理活动；二是在有些管理层级内部还可以在纵向上再次进行细分，如我国的地方课程管理就有省（自治区、直辖市）一级的课程管理和县（自治州、自治县）一级的课程管理两个层级。虽然两者都属于地方课程管理层级，但在具体的课程管理权责方面又存在着明显的不同。一般来说，省级教育行政部门的课程管理仍然较为宏观，而县级教育行政部门的课程管理相对较为微观。

三、反馈原则

课程管理除了要求有关部门或单位照章行事外，还需要不断地对课程实践活动中的有关信息进行收集、研究，提高课程管理的科学性、合理性、可行性。

贯彻反馈原则要求在课程管理活动中必须注意以下三个方面：

1）保证反馈渠道的畅通。在进行课程管理的过程中，一方面有关课程管理部门及其工作人员要善于倾听课程实践中的声音，提出有针对性的解决方案；另一方面，也要求课程实践工作者或者社会其他人士能够便捷地向课程管理部门及其工作人员提出自己对课程的见解，为课程管理部门的决策提供参考信息。

2）注意收集有关的信息。除了保证反馈渠道畅通外，课程管理部门可以通过实地观察、问卷调查、个别访谈、召开座谈会等多种形式来收集课程实践中的有关信息，并把收集到的这些信息进行归类，分别提交有关部门或人员来加以解决。

3）加强课程决策的科学性。课程管理部门获得的有关课程实践的信息，不但可以有针对性地解决有关课程实践中的问题，避免课程管理的盲目性，而且可以积累有关课程管理经验，提高课程决策水平和课程管理的水平。

四、开放原则

开放原则是指在进行课程管理时，不能仅仅局限于某些主体、某些方面，还需要把相关的主体及内容等纳入到课程管理活动中来。

贯彻开放原则要求在课程管理活动中必须注意以下两个方面：

1）课程管理主体的开放。虽然课程管理活动主要是由课程管理主体来根据其权责来进行的，但这并不意味着课程管理活动仅是这些课程管理主体的事情。事实上，社会上的一些其他人员，如课程专家、教师代表、学生家长等也都可以对课程提出合理化的建议、意见，为课程管理主体的课程管理、课程决策提供有益的参考价值，提高课程管理水平。

需要说明的是，尽管一些社会人员参与到课程管理活动中来会有助于提高课程管理的水平，但并不意味着他们可以取代课程管理主体对课程进行管理，也并不意味着课程管理主体可以放弃自己的管理责任和义务。因此，课程管理依然是课程管理主体义不容辞的责任。

2）课程管理内容的开放。虽然课程管理就是对课程进行的管理，但这并不意味着课程管理仅仅是对课程进行的管理。为了提高课程质量，切实发挥课程效能，课程管理除了对课程自身进行管理外，还需要对一些影响课程实施、影响课程质量的因素进行管理。如前所述，教师是影响课程实施的两类主体之一，制约着课程实施的质量。因此，课程管理除了要考虑编制科学的课程，提供科学的课程计划、课程方案、课程标准以外，还需要加强教师在课程适应方面的培训，保障课程实施的顺利进行。

五、动态原则

动态原则要求在进行课程管理时要用动态的、发展的眼光，根据实际情况的变化来及时对课程进行调整、完善，而不是一味地抱残守缺、一成不变。

贯彻动态原则要求在课程管理活动中必须注意以下三个方面：

1）根据社会发展、科技进步等及时地对课程进行调整。伴随着社会生产力的发展、科学技术的进步，课程管理必须根据这些变化对课程的内容、结构等方面进行调整，以更好地推动社会进步，促进科技发展。

2）根据受教育者身心发展变化及时地对课程进行调整。受教育者的身心发展状况既是确定课程目标、选择课程内容和进行课程实施的依据，也是进行课程管理的依据。因此，在课程管理时还必须随着受教育者身心发展的变化及时地对课程的目标、内容及其实施等进行调整，以更好地促进受教育者的发展。

3）根据课程理论研究的成果来及时地对课程进行调整。课程理论研究成果作为人们对课程自身存在的规律性的主观表达，在课程活动中的地位越来越重要。因此，课程管理还必须依照有关的课程理论研究成果进展，遵照课程活动自身的规律性来进行。

六、创新原则

创新原则即在进行课程管理时还必须不断地推陈出新，因时因地制宜地做好课程管理活动。

贯彻创新原则要求在课程管理活动中注意以下三个方面：

1）课程管理制度的创新。课程管理制度作为一个国家或地区在课程管理方面所采用的一系列组织化、规范化的形式的总和，尽管大体上可概括为中央集权型与地方分权型两种主要范式，但在课程管理的实践中，却很少见到此两种极端的课程管理制度，相当多的国家和地区的课程管理制度上往往自觉不自觉地吸取了两种不同范式课程管理制度的优点，呈现出多种各不相同的融合型的课程管理制度。

2）课程管理内容的创新。课程管理内容既是课程管理的重要方面，也是课程管理创新的重要方面，需要对课程管理内容进行创新。

3）课程管理方法的创新。课程管理的创新还表现在课程管理方法上的创新。随着科学管理观念的深入，课程管理方法也逐渐由过去的经验型走上了科学化道路，出现了法规法、专家咨询法、调查法、行动研究法等多种课程管理方法。这些新的课程管理方法也同样是对课程管理的创新。

七、能级原则

首先需要说明的是，这里所说的能是指课程管理中所涉及的人与物的能力、效能等。所以，能级原则要求课程管理必须充分发挥人与物的作用，做到人尽其才、物尽其用。

贯彻能级原则要求在课程管理活动中注意以下两个方面：

1）人尽其才。尽管课程管理活动一般是以特定的教育行政部门等组织的名义来进行的，但事实上这往往是由组织中的相关人员以组织的名义代表组织来行使课程管理权力。因此，课程管理除了要考虑课程管理层级是否合理外，还需要考虑具体承担、履行课程管理的人员是否称职，把那些有突出课程管理才能的人员选拔到课程管理岗位上来，使他们的课程管理才能更好地展现出来，以更好地搞好课程管理活动。

另外，除了要求课程管理人员能够人才其才外，还要求参与课程活动的相关人员也要尽其所能，如课程专家、教师代表等充分发挥他们在课程管理方面的作用，参与到课程管理中来。

2）物尽其用。课程管理活动还涉及对课程活动中的一些物质如课程资源、课程载体等的管理。能级原则还要求必须使这些物质的效能也能够充分发挥出来，实现物尽其用，从而推进课程实践，提高课程管理水平。

八、系统原则

课程管理作为有着特定功能的有机整体，要求在课程管理活动中必须从系统的视角出发，坚持系统原则。

贯彻系统原则要求在课程管理活动中注意以下两个方面：

1）从系统视角来审视课程。从运行过程来看，课程是一个包括有课程目标、课程内容、课程组织、课程实施和课程评价等环节构成的相互联系、相互作用的完整系统。因此，在进行课程管理时，要不断地从各个侧面探讨上述环节间的相互契合程度，并通过多种手段来保证相互间的一致性，实现课程的社会效能、个体效能和自身效能的最大化。

2）从系统视角来审视人员。课程及其管理活动是由不同的人来共同完成的。因此，在课程管理活动中还必须考虑这些人员在学识、素养等方面的不同，并通过科学结合、有机搭配，在充分展现他们特长的同时，有效弥补各自的缺点，从而建设出一支共同推进课程建设的高水平队伍。

因此，系统原则从某种意义上又可以说是整体原则，要求在进行课程管理过程中从整体的视角来审视和组织课程管理活动。

第四节　课程管理的制度

课程管理制度是指一个国家或地区在课程管理方面所采取的一系列组织化、规范化形式的总和。概略来说，课程管理的制度一般与国家或地区所采用的政治体制相适应，大体上可概括为中央集权型的课程管理制度和地方分权型的课程管理制度两种主要样态。

一、中央集权型课程管理制度

统一性作为中央集权型的课程管理制度的核心特征，主要有以下三个方面的表现：①制定和颁行全国统一的课程计划、课程标准（教学大纲）；②统一编制或统一审定中小学教科书；③按照统一的标准和要求举行全国性或区域性的毕业、升学统一考试。

1. 中央集权型的课程管理制度的优势

1）有利于保证教育质量。在中央集权型课程管理制度下，全国往往采用统一的课程计划、课程标准（教学大纲），全国各地区、各学校均按照相同的课程计划、课程标准（教学大纲）来进行课程运作，有利于保证教育质量，提高全国教育的整体水平。

2）保证课程内容的同质。在中央集权型的课程管理制度下，全国使用统一编制或审定的教科书，能保证同一阶段的学生使用共同的课程，学习共同的内容，从而在形式上使所有学生接受机会均等的教育。

3）便于对课程进行评价。中央集权型的课程管理制度往往是根据统一的标准和要求来对课程实施的程度和水平进行检测和评估。

2. 中央集权型的课程管理制度的局限

虽然中央集权型的课程管理制度具有上述优势，但也存在明显的局限。随着教育民主化、多样化的要求越来越迫切，这种高度统一的中央集权型的课程管理制度越来越暴露出一些明显的弊端。

1）无视了地方差异。由于过分强调课程计划、课程标准（教学大纲）以及教科书的统一性，缺少必要的灵活性、多样性，从而忽视了各个地区客观存在的差异，难以适应不同地区经济和社会发展的需要。

2）褫夺了地方权力。由于过分地把课程管理的权力收归到中央政府，既无视了地方教育行政部门对课程管理的职能，也褫夺了他们在课程管理方面的权力，压抑了地方教育行政部门管理课程的积极性和主动性。

3）忽视了学生差异。由于过分偏重于全国统一的课程标准（教学大纲）、整齐划一的教学要求，既难以适应不同学习水平学生的学习需要，不利于学生的个性发展，也压抑了教师的教学主动性和创造性。

二、地方分权型课程管理制度

灵活性作为地方分权型课程管理制度的核心特征，也主要有以下三个方面的表现：①没有全国统一的课程计划，课程设置、课时安排均由地方或学校自行决定；②没有全国统一的课程标准、没有统一编订的教科书；③没有全国统一的课程评价制度，对于课程及其施行情况的评价往往由地方或民间组织来进行。

1. 地方分权型课程管理制度的优势

1）充分调动地方的积极性。地方分权型课程管理制度强调地方在课程管理中的作用，无论是课程计划，还是课程设置等都由地方来统筹安排。因此，有利于调动地方教育行政部门的积极性，发挥其在课程管理活动中的主动性。

2）关注到了地方的差异性。由于没有全国统一的课程计划、课程标准以及统一的教科书，可以使地方根据其所辖行政区域的特殊性、差异性来安排适宜的课程计划、课程标准和教科书，关注到地方差异。

3）照顾到了学生的差异性。地方课程对地方差异性的关注，其实也包括对学生差异性的关注。由于地方分权型课程管理制度没有全国统一的课程计划、课程标准，自然也就没有全国统一的检测要求，可以满足不同程度学生的学习需要，有利于他们的个性发展。

2. 地方分权型课程管理制度的局限

地方分权型课程管理制度尽管具有如上所述的优势，但也存在明显的局限性。

1）容易导致地区差异扩大。地方分权型课程管理制度把课程管理权力交由地方来行使既是其优点，也是其缺点。优点方面如上所述，这里就不再赘述。从缺点方面来说，主要表现为由于没有统一的课程标准、课程计划，会导致不同地方的差距过大，导致不同地区间学生发展的不均衡。

2）无法进行课程效果评价。由于各个地方的课程计划、课程标准都各不相同，所以各个地方的课程相互之间缺乏可比性，无法对这些不同地方的课程及其效果进行比较评价。

3）课程的科学性难以保证。地方分权型课程管理制度把课程管理，特别是课程设计交由地方教育行政部门来承担。地方教育行政部门由于各自对课程的领悟、研发等方面的能力各不相同，从而使得他们在履行此项职责时所设计出来的课程的科学性难以保证。

综观起来，两种课程管理制度各有自己的优点，也各有自己的缺点。而且，两者的优缺点正好能够相互弥补：中央集权型课程管理制度的优点可以弥补地方分权型课程制度的缺点，而地方分权型课程管理制度的优点则可以弥补中央集权型课程管理制度的缺点。正因如此，从世界范围来看，课程管理制度正在逐渐走向相互融合、相互吸纳的趋势：中央集权型课程管理制度逐渐利用了地方分权型课程管理制度的优点，开始实行中央、地方和学校分级管理的课程管理制度，而地方分权型课程管理制度也看到了中央集权型课程管理制度的优点，逐步加大了中央对地方和学校课程管理的干预力度。

三、我国课程管理制度的演变

我国课程管理制度的演变从总体上来说是从中央集权型的课程管理制度逐渐走向国家、地方和学校三级课程管理制度。

"直到 20 世纪 70 年代末，我国中小学课程管理制度仍属于中央集权型的体制"[1]。此后，我国中小学课程管理制度开始变革，逐渐走上了国家、地方和学校

---

① 廖哲勋，田慧生. 课程新论. 北京：教育科学出版社，2003：462.

三级课程管理制度。

1985 年中共中央颁发的《关于教育体制改革的决定》中明确提出："实行基础教育由地方负责、分级管理的原则"，开启了我国基础教育行政管理体制改革的征程，为中小学课程管理制度改革确定了指导方针和总的原则。

1993 年中共中央、国务院颁发的《中国教育改革和发展纲要》进一步明确规定："中等及中等以下教育，由地方政府在中央大政方针的指导下，实行统筹和管理。国家颁布基本学制、课程设置和课程标准"，"省、自治区、直辖市政府有权确定本地区的学制、年度招生规模，确定教学计划、选用教材和审定省编教材"，"中小学教材要在统一基本要求的前提下实行多样化，提供各地编写适应当地农村中小学需要的教材"。这些要求进一步明确了国家、地方和学校在课程管理、教材选择等方面的责任和义务。

1996 年，原国家教育委员会制定并颁发的《全日制普通高级中学课程计划（试验）》中不但明确规定"普通高中课程由中央、地方、学校三级管理"，而且还对三者的课程管理权责做出了具体规定："本课程计划中的 12 门学科课程（包括必修和限选学科）由国家教育委员会统一规定基本课时数，颁布学科教学大纲"；"各地根据本计划的精神，按照实际情况，由省级教育行政部门或其授权的教育部门参照本课程计划中的《课程安排示例表》，制定本省实施的高中课程计划，提出有关任意选修学科及活动类课程的实施方案，指导学校执行"；"学校应根据国家教育委员会和本省（自治区、直辖市）课程计划的有关规定，从实际出发，对必修学科和限选学科做出具体安排，合理设置本学校的任选课和活动课，并报上级教育行政部门批准"。通过这些规定可以看出，地方和学校在课程设置、课时安排等方面具有一定的自主权。

1999 年第三次全国教育工作会议颁布的《关于深化教育改革，全面推进素质教育的决定》中明确规定："建立新的基础教育课程体系，试行国家课程、地方课程和学校课程"，"要增强农村特别是贫困地区义务教育的课程、教材与当地经济社会发展的适应性，促进教材的多样化，进一步完善国家对基础教育教材的评审制度"。

2001 年教育部颁布《基础教育课程改革纲要（试行）》，进一步明确了三级课程管理制度："为保障和促进课程对不同地区、学校、学生的要求，实行国家、地方和学校三级课程管理"；"教育部总体规划基础教育课程，制订基础教育课程管理政策，确定国家课程门类和课时。制订国家课程标准，积极试行新的课程评价制度"；"省级教育行政部门依据国家课程管理政策和本地实际情况，制订本省（自治区、直辖市）实施国家课程的计划，规划地方课程，报教育部备案并组织实施。经教育部批准，省级教育行政部门可单独制订本省（自治区、直辖市）范围内使用的课程计划和课程标准"；"学校在执行国家课程和地方课程的同时，应视当地社会、经济发展的具体情况，结合本校的传统和优势、学生的兴趣和需要，开发或选用适合本校的课程"。

综上所述，我国课程管理制度由过去的中央集权型逐渐走向中央集权与地方分权相结合的课程管理模式。

第十九章

课程领导

　　课程领导既是目前整个课程研究与实践领域的热词与热象，很多研究者、管理者和实践者都在围绕其展开探讨和实践，也是当代课程管理发展的新阶段，在与课程管理存在分野的同时也进一步深化了课程管理。

第一节　课程领导的内涵

一、课程领导的已有研究

虽然课程领导早在 1952 年就出现在哥伦比亚大学哈里·A. 帕素（Harry A.Pssow）教授的《以小组为中心的课程领导》的博士论文中，但真正被人们关注却是 20 世纪 90 年代以后的事情。

尽管课程领导被关注得比较晚，但人们已经从不同的角度对课程领导进行了定义，这里仅从中撷取若干来进行分析："课程领导是教育组织中的成员，积极参与以及协助学校提供一个多元且适合的计划，以使学生能有效学习并展现成效"[1]；"课程领导所发挥的功能在于使学校及其体系能达成增进学生学习品质的目标"[2]；"课程领导系指在课程发展过程中，对于教学方法、课程设计、课程实施和课程评鉴提供支持与引导，以帮助教师有效教学和提升学生学习效果"[3]；"课程领导是从'经营'或是'领导'的功能出发，强调诉诸自身的创意与创造力，自律、自主地驱动组织本身运行，把日常的课程实践活动作为自身的东西加以自主创造性地实施"[4]；"课程领导是一种存在于学校组织中校长与师生间的交互作用活动，其目的乃是希望透过学校组织团体活动的运作历程，而有效地达成课程的目标，详言之，课程领导系指在课程发展的过程中，对于课程设计、课程选择、课程组织、课程评鉴以及课程实施，发挥领导的功能纠合学校组织

---

[1]　许占权. 课程领导的实质及其实践意义分析. 现代教育科学，2006（5）.

[2]　Allan A.Glatthorn. 校长的课程领导. 单文经，等，译. 上海：华东师范大学出版社，2003：19.

[3]　李朝辉. 从管理走向领导：小学校长课程领导的个案研究. 长春：东北师范大学，2006：20.

[4]　钟启泉. 从"课程管理"到"课程领导". 全球教育展望，2002（12）.

成员的意思，运用充分的组织人力和物力，从而提升教师的教学效能，并增进学生的学习成效"①；"课程领导可能遵循两个路径进行，对课程开发技术的领导和对课程文化的领导，主要是以转变学校原有的一些陈旧的基本假定，形成新的教师观、学生观、知识观、学习观、教学观等，改组与改造学校组织，进而促进教师的专业发展，影响课程开发的质量"②；"课程领导是课程实践的一种方式，是指引、统领课程改革、课程开发、课程实验和课程评价等活动的行为的总称，它的目的是影响课程改革与开发的过程和结果，实现课程改革和课程开发的目标"③。

从上述撷取出来的定义可以看出虽然对于课程领导的具体表述各不相同，但也有如下三个方面的共性：

1）课程领导明显有别于课程管理。课程领导作为课程管理在当代的新发展，尽管与课程管理有着密切的关联，但也存在明显的区别。相对而言，课程领导更加强调课程实践中的主动性、积极性，而不是像课程管理那样突出课程实践的规范性、控制性。

2）课程领导是由课程领导者做出。但是，对于哪些人员担任课程领导者，人们的意见似乎并不一致。有些研究更多地倾向于由课程管理者来充当课程领导者，通过课程管理者改变自己的角色和工作方式，担负起课程领导者的角色和课程领导的重任；有些研究强调整个系统中的所有人员都是课程管理者，共同致力于完善课程方案、优化课程实践。

3）课程领导是围绕着课程的领导。与其他方面的领导，如教育领导、教学领导等相较起来，课程领导着重强调是对课程方面的领导。尽管课程领导在围绕课程展开时会涉及教育、教学等相关方面，但由于这是基于课程而做出的，所以不能将其与这些相关方面等同起来，更不能用这些相关方面来代替课程领导。

二、课程领导的概念

基于上述对课程领导已有研究及分析，这里把课程领导理解为由课程领导者基于其课程素养而做出的各种课程实践改善活动的总和。这表明课程领导具有如下要义：

① 李朝辉.从管理走向领导：小学校长课程领导的个案研究.长春：东北师范大学，2006：20.
② 林一钢，黄显华.课程领导内涵解析.全球教育展望，2005（6）.
③ 杨明全.试论中小学校长的课程领导.河南教育，2002（11）.

1）主体更广泛。与课程管理主要是由拥有相应职权的人员来行使而言，课程领导主体有了大范围的扩展。一方面，原来的课程管理者如果同时具备足够深厚的课程素养，也可以身兼二任，既是课程管理者也是课程领导者；另一方面，广大的与课程发生直接联系但又没有拥有课程管理职权的一些人员，如教师、教研员，甚至学生都有可能参与到课程领导中来，成为课程领导的主体。尽管不排除极少一部分课程管理者难以同时兼任课程领导者，但由于大量教师等相关人员的参与，还是会使课程领导的主体得到大幅度的增长，从而形成更加广泛的课程领导主体。

2）主动性更强。课程管理这一基于职权而承担的活动所具有的强制性不仅表现在其对所调控管理的对象上，而且也对实施调控管理的人身上，要求课程管理者必须根据职权来进行课程管理，并且还要求权责一致，权力和责任对等，不能权力过大而责任过小，或权力过小而责任过大。课程领导特别是一些非课程管理者兼任的课程领导者参与到课程领导中来，往往既是他们主动性的反映，主动地参与到课程领导中来，同时也会因在此过程中的成就感而进一步增强他们的主动性。

3）效能更突出。课程领导与课程管理在某种层面上来说，有着大体相同的指向，即都是为了更好地推进课程实施，提升课程效能而做出的多种活动的总称。但是，相较于课程管理强调"规范性"动作而言，课程领导则更加突出在课程活动中的"自选性"动作，如根据教育实际做出更好符合实际需要的灵活性、针对性、创造性的调整，从而能够更好地提升课程的效能。

4）影响更深远。如上所述，课程管理是基于权责而做出的活动，但课程领导则是基于其课程素养而做出的活动。而且，课程领导还具有更为深远的影响：一是有助于课程领导者课程领导素养的提升，通过课程领导，往往会为课程领导主体提供更有价值的经验及更有成就的体验，从而更能激发其投身于课程领导的意愿，进一步提升其课程领导素养；二是课程领导不但有助于课程领导者自身素养的提升，往往还能提升参与其课程领导活动的其他主体，并进一步通过交互影响，共生相得益彰之效，形成课程领导的良性循环。

5）过程更人文。相对于课程管理强调控制而言，课程领导更加强调转化。课程活动中的各种不同的成员不是基于任务完成、绩效评估，而是在共同愿景的凝聚下借助于专业引领和共享一起参与到课程活动中来，齐心协力做好有关课程的各项工作。这在改善课程实践生态的同时也在改善、优化其中的相关成员。

三、课程领导与课程管理的关系

课程领导作为课程管理在当代的集中表现，其与课程管理既有关联，也有区别。

从关联方面来看，无论是课程领导还是课程管理都是基于课程而进行的各种调控活动的总称，是为了更好地规范和调控课程实践，保障课程质量，提升课程效能而采取的必要方式。

从区别方面来看，课程管理强调对课程的行政控制，注重对课程方面的安排、执行，侧重于自上而下的监管和监控，较多地考虑管理中的技术因素。在此过程中，课程管理主体往往遵照一定的职权对课程进行必要的监管。他们一方面行使相应的职权，另一方面履行相应的职责，完成对课程的监督和管理。因此，课程管理强调的是行政、命令等方面的角色。而课程领导则不是为了去控制别人，要求别人必须照此行事，而是为了引导他人做出高层次的课程判断和课程决策，从而激励相关人员投入持续成长的生活方式。从某种意义上来说，课程领导强调的是个体通过自己的魅力来感染他人，激励他人，从而形成共同的推进、提升课程质量的氛围。因此，这是一种依靠个人对他人在课程方面的影响力而产生的影响。相对于课程管理强调自上而下的遵照来说，课程领导更强调这种非控制而产生的感染力量。

关于课程领导和课程管理之间的区别，也有研究通过列表的方式进行了对比（表 19-1）[①]：

表19-1 课程领导和课程管理之间的区别

项目	课程领导	课程管理
权力主体	实行权力分享，课程相关人员（包括校长、教师、学生、家长和课程专家等在内）均民主分享权力，尤其是对课程实施及结果承担责任的学校与教师	管理集中于管理者特权阶层，学校和教师不分享权力
权力实施	依靠课程领导者的法定权力和自身的个人权威（魅力），以后者为主	依靠课程领导者的法定权力和自身的个人权威（魅力），以前者为主
决策及推行	课程相关人员民主决策，作为决策主体之一的学校和教师实施	课程管理者进行决策，以行政命令方式自上而下推行，学校和教师被动执行课程决策
教师观	相信教师具有创意和创造力，具有一定的决策能力	认为教师只是既定决策、命令的执行者，缺乏决策能力
沟通模式	纵向沟通之外有较大程度的校内外沟通和交流	纵向行政命令为主，有较少的自发形式的校际间横向沟通
动力来源	决策主体自身的创意和创造力，自我驱动	来源于外部、上司的监管、监控

---

① 钟启泉，岳刚德.学校层面的课程领导：内涵、权限、责任和困境.全球教育展望，2006（3）.

第二节　课程领导的追求与任务

一、课程领导的追求

一言以蔽之，课程领导的追求就是通过发展课程来促进课程中人的发展，进而通过课程中人的发展来实现课程的发展。当然，无论是课程中的人，还是课程涉及的相关方面都包括多重情况，所以课程领导的追求具体体现在以下五个方面：

1）发展校长，促进校长提高。在前述影响课程实施因素的分析中已经可以看出校长在学校的课程乃至整个学校发展中所起到的至关重要的作用。事实上，校长不但是学校的课程管理者，同时也是学校的课程领导者，对学校的课程领导起到重要的引领作用。因此，课程领导应注重校长的发展，使其从单纯的课程管理者转向课程管理与课程领导二者兼顾。

2）发展教师，促进教师成长。在以往的课程管理活动中，教师作为课程实施者主要是来执行、落实课程设计好的课程，同时也是课程管理所要监督、评估的对象。因此，教师更多的是以一种被动的身份来参与课程活动。尽管不乏少数教师基于其过人的智慧，从中寻找到改变课程的机会，并付诸实践，但从总体上来说这种努力所取得的效果绝大多数只停留在个人层面而难以产生更广泛的影响。在课程领导中，上述情形不但会得到鼓励，而且还会被大力提倡，从而使更多的教师能够汲取他人的优秀经验。而且，由于这种汲取同时也是教师的主动选择而非被动接受，更能为他们所采纳。

3）发展课程，促进课程创生。顾名思义，课程领导是围绕课程所进行的各种改善性的活动。因此，课程既是课程领导不同于教育领导、教学领导等其他方面的领导的重要原因，也是课程领导所着力关注最为基本的方面。课程领导借助于课程领导主体的素养，往往会对课程进行某种更加合理的重构。而且，由于课程领导对课程中的其他相关人员所产生的独特的影响力，这种重构会进一步放大，从而带动整个课程实践的改善。同时，课程实践的改变同时还会带来以之为源的课程理论的发展。

4）发展学生，促进学生发展。尽管课程所产生的有利作用即课程效能包括社会效能、个体效能和自身效能，但学生无疑是课程最为主要的受益者。课程领导作为对课程实践的改善，同样也会使课程效能得到提升，自然也会使学生这一课程最为主要的受益者得到更好的发展。同时，学生作为课程活动中的参与者，不仅仅只是受益者，同时也还可以兼任课程领导者，以课程领导者的身份参与课程领导活动，既可以进一步改善对其有重要影响的课程，也可以影响到课程当中的其他参与人员，所有这些都最终指向学生更好地成长和发展。

5）发展学校，促进学校运行。学校作为课程领导的主要阵地，既为课程领导提供根基，也是课程领导的受益方。通过课程领导，不但会发展校长、发展教师、发展课程和发展学生，而且也会发展学校，使学校的内在精神面貌得到明显的改变。这种改变了的精神面貌既是课程领导的结果，同时也是课程领导的动力，会进一步作用于学校的发展，从而使课程领导与学校运行处于良性循环的状态。

二、课程领导的任务 ①

1）发展组织文化。领导者最重要的工作就是创造并管理文化，同时使这种文化为所有成员共享。实现高成就的学习，需要有支持的、挑战的文化，课程管理者要慎重地设计促进学习的组织文化，由教师中心、产品导向的专业观转变为学生中心、促进深层学习的新典范。课程管理者要塑造学习环境，发展整体的课程，使之成为学校的特色。

2）发展整体课程。课程是一个整体，是所有学习经验总和——要以隐性课程或非正式课程补充显性课程或正式课程的不足；统合各层次、各专长的学习；要共享观点；要以学习者为中心，促进学生主体性的发展。采取整体观点，就要打破内在和外在的藩篱，加强教室内外、学校内外的衔接；就要将学校视为整体社区的学习中心，师生家长和全社区居民一起终身学习，并发展社区本位的课程管理，每个人赋权增能，全面发展。同时，在整体课程中，课程设计是以学生为中心的，将学生视为一个学习者，以促进其全面发展。这种"以学生为中心的课程"实际包含四个课程的层面，即设计、发展、落实、评价及其交互关系和循环关系，其实质内容要由实际的探究、教学的想象和批判的检讨来决定。师生要直接与情境互动，设计并追踪自然发生的课程问题，而非一味地依赖行政法规或专家所提的理论或抽象概念。例如，利用慎思以寻求意义和理解，在慎思中人类是知识的创造者，并根据他们所遭遇的情境来采取行动。

3）实施精致的教学。课程管理者要强调真实的、创意的和解放的学习，包

---

① 钟启泉.课程论.北京：教育科学出版社，2007：260-261.

含"5C"的架构，即创造的（created）、关怀的（care）、批判的（critical）、缜密的（careful）和合作的（cooperant）。教师要结合教学想象和实际智慧，设计有创意的课程，并在与他人彼此分享利益，彼此尊重、关怀中对话和合作，共创意义；使课程方案更有想象力，更统整，更具研究导向，更敏于社会和政治，更支持建构主义的学习。

4）再造组织结构。课程管理者要发展组织结构，但结构可能囿于历史、政治和道德的包袱（如控制）而维持既得利益，因此，要加以改变。如果不改变孤立的、以学科为基础的中学教学结构（如历史学科教学研究会），则很难发展合作的文化。课程管理是技术的过程，也是政治的过程，教师、学生、家长、社区等都有合法的地位，都影响到学习的本质，如凝聚其信念、希望和期望。师生、家长仍然在根深蒂固的文化传统下，改革仍有政治的、文化的障碍，资源不足、法令的限制，课程管理者在这些条件的限制下，要考虑改革的方式、方法。因此，要以有效的教师发展促进学生团体的改革，并顾及不同的利益。

5）建立民主的学习社区。课程管理的运作要采用伙伴模式，重视协商，采取民主的行动，加强学生和教师、学校、其他组织之间的讨论、争论、合作、协商、适应，化解歧见，并将家长和社区成员纳入制度中。伙伴关系的核心价值是采取多元观点，尊重差异，化解冲突，以增进知识。多元化社会、民主生活都有这种需求，学生要成为自己的学习的动力源，能质疑偏见和不公正的制度化的规则，要设立作决定和解决冲突的民主机制，作用于民主组织中的决定和规则要有共识，强调声音。

6）资源和环境管理。资源不仅包括物质环境，还包括成员的创意、勇气和能力。资源要作整体的规划和分配，所有成员共同参与，进行需求的评估，决定优先顺序，确保学生的学习；鼓励师生参与讨论，提供各种资源，善加利用，评估其成效，并依据学生学习结果，修正使用的计划。

第三节　课程领导的程序与策略

一、课程领导的程序

1）明确课程领导任务。如上所述，课程领导的任务主要体现在五个方面。但具体到不同学校或不同阶段来说，课程领导的任务又各有不同，会根据本校的实际情况或课程领导的进展情况确立相应的、有针对性的课程领导任务。

2）选择课程领导主体。由于课程领导是由课程领导者做出的活动，所以确定了任务后，还需要根据所确定的课程领导任务来选择合适的课程领导主体来具体开展课程领导。在课程领导中，能够担任课程领导的主体多种多样，而且每种课程领导主体各有其开展课程领导的特殊性。一般来说，课程领导主体主要包括校长、教师、教研员及学生四类人员。其中：校长的课程领导属于叠加型的课程领导，即校长在作为课程管理者的同时还兼任课程领导者，是把其课程的行政管理权力和学术影响力叠加在一起的课程领导；教师由于因以课程实施为其主要活动，没有行政管理的权力，故其课程领导往往以一种相对单一、自发、弥散的专业性领导来呈现；教研员作为教学研究人员中一类比较特殊的群体，同时也是一类比较特殊的课程领导主体：一方面既具有一定的专业性管理角色，也具有一定的专业性领导角色，在特定的行政区域范围内具有专业性管理和领导的叠加，另一方面，教研员的课程领导尽管也是叠加型的，但由于其缺乏较为严格的行政约束力量，其对课程实践的领导也同样带有一定的弥散性，因而只能是一种协助性的课程领导；学生作为课程及课程管理和课程领导的最大受益群体，一方面是各种课程活动的指向对象，另一方面也是一些课程活动的重要参与者，尽管在此过程中，他们对于这些活动没有决定性的力量，但往往也会以自己的方式影响课程活动的进行，故也表现出一定的课程领导性向，只不过更多的是以一种参与课程领导的方向呈现出来。因此，在进行领导时应根据课程领导主体在课程领导中的特性，结合课程领导任务来选择合适的课程领导主体。

3）运用课程领导模型。为更好地推进课程领导，特别是学校层面的课程领导，人们总结出了三种各有特色的课程领导模型，可以根据实际情况来进行灵活选择：①以校长为首的课程领导模式。在这种模式中，校长既是行政领导，又是专业领导，把行政权力和专业影响力糅合在一起。校长一方面结合通过平等对话、沟通、协商，与组织学校成员共同制定出学校发展规划；另一方面通过重组学校组织机构，引导学校课程团队成员共同分享经验，并积极与校外有关机构、人员进行沟通，寻求支持。②校长与中层领导同步共治模式。在这种模式中，校长与中层领导既各司其职、分工负责，又共享行政领导权与课程领导权，共同完成对学校课程的领导。校长的职责主要是为中层领导与教师赋权，引导教师做出高层次的判断，不干涉具体事务；中层领导的职责一方面是把各种经由讨论后确定的课程方案付诸实践，决定课程的规模与施行方式，另一方面把协调学校成员在课程领导中的地位及其关系，并把实践中暴露出来的问题向校长反馈及协助校长确定课程领导方案。③能动分享式领导模式。在这种模式中，"领导"是一个团体，而非个别领导者（如校长），组织内的每个成员都应具有成为领导者的潜能和权利。因此，这种模式是一种分权式的委员会组织形式，参与者包括校长、学科专家或年级主任、普通教师、学生、家长和社区人士等，其中，教师扮演主要角色。小组成员为团队组织而工作，在深刻理解学校教育目标的基础上，在团队中相互交流，通过共同建设和评估课程而行使权力，实现团队领导。①需要说明的是，尽管这三种课程领导模式各有不同，但无论在哪种模式中，都需要与其他相关成员或方面一起协作，共同完成课程领导任务，实现课程领导目标。当然，由于不同的模式各自的侧重点有所不同，故所采取的具体协作方式自然也就有所不同。因此，在进行课程领导时可以根据实际需要，选择最为适切的课程领导模式。

4）评价课程领导效果。经过上述三个环节的课程领导运行，最后还需要通过课程领导评价来检测课程领导的实际效果，比如课程领导任务是否落实，或者课程领导任务落实的程度，进而为课程领导改进提供相应的判断依据，以更好地推进课程领导。

二、课程领导的策略

1）转换校长领导角色。如上所述，校长既是课程的管理者，同时也是课程领导者。而且，在整个课程领导中，校长的角色至关重要。因此，课程领导首先应考虑校长如何同时做好课程管理与课程领导两个方面的工作，而不是只侧重于其中一个方面。这既是对校长做好本职工作的要求，同时也是校长发挥课程领导的职责所在。这就需要校长转换其角色，从单一的行政管理转向管理与领导兼顾。

2）唤醒教师课程意识。相对于校长的叠加型课程领导，教师课程领导既是较为特殊课程领导类型之一，同时也是数量最为广泛的课程领导主体。为了使教师更好地参与课程领导，充分发挥其在课程领导中的作用，必须协助教师树立主人翁的课程意识和专业自信，改变传统的课程观——认为课程教学是书本知识传递的活动，确立起通过探究建构意义的课程观。同时，任何课程的开发实施都要兼顾知识取向、学生取向和社会取向。

---

① 罗生全.学校课程领导：模式、发展趋向及启示.课程·教材·教法，2008（7）.

3）形成课程合作组织。课程领导既是个人化的活动，同时也是组织化的活动。而且，为了更好地发挥课程领导的作用，必须把个人化的活动转化为组织化的活动。因此，形成高效的、有机的课程领导团队既是课程领导中重要的一环，也是课程领导中重要的策略之一。团队是课程领导的主体，成立诸如课程开发研究室、课程小组等类型的课程研究团队，确保校长、课程专家、教师、学生、家长和社区代表分享课程领导的权力与职责，形成"课程领导共同体"。课程领导团队借助及时的反馈、总结、提炼和交流，可以促进教师间沟通交流，进而有可能成为课程知识的生产者和传播者。

4）积累课程实践智慧。无论是课程领导的本质属性，还是课程领导团队的形成，都表明课程领导非常重视课程领导主体主动性的发挥。课程领导主动性的发挥其实也为课程实践智慧提供了可能，并通过课程领导将课程实践智慧累积、放大。这是因为课程问题既不是纯理论问题，也不是纯技术问题，它首先是一个实践问题。通过在行动中研究，通过教师反思素养的养成，逐渐摆脱经验主义的制约、行为主义模式的控制，在不断地积累课程实践智慧的同时，调整课程领导的方向。

5）提升课程对话能力。课程领导作为课程领导主体对他者产生的影响和推动，不但需要课程领导主体的课程实践行动的示范，也需要他们在此过程中与潜在的被领导者进行各种形式的对话、交流，使他们在直观感知的基础上结合必要的阐释，从而能够更好地理解课程领导主体。所以，有必要加强教师、教研员、行政人员和研究人员等各类课程领导之间的对话交流，以"课程协商"代替"行政命令"，倾听其他各类课程实践主体的声音，并尊重每种声音的价值，形成顺畅的公共沟通渠道与对话网络，不断地达成共识，推进课程领导。

第二十章

课 程 改 革

　　"学校课程总是处在不断被修正、改进的过程中"[1]的论断既表明课程改革是课程中的重要活动之一，也反映了课程改革的经常性、普遍性。

---

[1] 郝德永.课程研制方法论.北京：教育科学出版社，2000：38.

第一节　课程改革的内涵

一、课程改革的定义

所谓课程改革，就是以一定的理论为基础在一定的时期里对课程进行调整，生成新的更为科学合理课程的各项活动的总称。这表明，课程改革具有以下四个方面的要义：

1）课程改革是课程活动中的重要内容。虽然课程活动中包含有课程目标的设计、课程内容的选择、课程内容的组织及实施、课程评价等很多方面，但课程改革也始终是课程活动中的重要内容而不可或缺。

2）课程改革是对课程现状的改变。随着时间的推移、社会形势的变化，原有的较为科学合理的课程可能会与现实的社会形态、人们的观念认识发生矛盾，产生抵触而不得不进行必要的变化或者调整。课程改革正是通过对课程现状的改变，建构起新的与现实的社会形态和人们的观念认识相一致的课程。因此，没有对课程现状的改变，也就谈不上课程改革。当然，在不同时期由于课程面临的具体抵触各不相同，所以对课程现状的改变也不完全相同。

3）课程改革是对课程进行的创新。课程改革不但是对课程现状的改变，而且还往往通过对课程现状的改变实现课程创新。与课程改革对课程现状所作的改变各不相同一样，课程改革对课程所进行的创新也各不相同，有些课程改革的创新成分多一些，也有些课程改革的创新成分相对少一些。

4）课程改革需要课程理论的支撑。任何课程改革都是在一定的课程理论的支撑下进行的。泰勒在"八年研究"中所倡导的课程改革是基于课程的目标理论进行的，而布鲁纳领导的课程改革则是基于结构主义课程理论进行的。可以说，脱离课程理论来进行的课程改革是根本不存在的。而且，某些课程改革之所以难以实现预期目的，在很大程度上与其所依据的理论不够恰当或充分密切相关。

二、课程改革的特点

1. 发展性

课程改革作为对课程现状中存在的问题或局限的改进，实际上也就意味着通过课程改革而带来的课程要比其所替代的原有课程更为完善，更有助于个体发展和社会进步。可以说，每一次课程改革都是在课程现有基础上的发展。

2. 广泛性

课程中的各个方面，如课程目标、课程结构、课程内容、课程组织、课程实施、课程评价等都可以是课程改革的对象。这也即所有与课程有关的方面或活动都可以纳入课程改革的范畴，对之进行必要的调整或变化。当然，具体的课程改革既可以是对课程的所有方面进行整体性改革，也可以是对课程的某一侧面进行局部性改革。

3. 专门性

课程改革不但具有广泛性，而且还具有专门性。课程改革的专门性是指课程改革的范畴仅限于课程领域内部，是对课程进行调整或变化，而不是教育领域中其他方面的变化。虽然课程改革总体上属于教育改革的重要组成部分，但并能不用教育领域中的其他方面的改革来取代课程改革。

4. 永恒性

由于影响课程的各种外部因素和内部因素不断变化，所以课程改革也就一直在不断地进行。只不过有些课程改革波及的面较为广泛，产生的影响较大，而有些课程改革涉及的范围比较狭窄，产生的影响相对较小。但无论哪种情况，相对于原有课程都发生了一定的变化。因此，课程改革还具有永恒性的特点，是一种长期存在的现象。

5. 阶段性

从流程上来看，课程改革包括从最初的酝酿，经由实施再到最后的结束三个较大的阶段。课程改革的每个阶段都有不同的任务：酝酿阶段的任务主要是发现课程现状中存在的问题、提出改进的措施、为课程改革作必要的宣传发动等；实施阶段的主要任务是根据酝酿阶段提出的改进措施在课程实践中付诸实施，并对实施的情况进行调研；结束阶段的主要任务是对课程改革的具体情况根据课程改革的目标进行评价，看是否实现了预期的课程改革目标。虽然这些阶段都是整个课程改革的组成部分，都在为课程改革服务，但由于每个阶段的主要任务各不相同而使得课程改革呈现出明显的阶段性。

6. 周期性

课程改革的周期性也称作课程改革的钟摆性，是指课程改革不断地把课程从一端推向另一端，然后又从另一端回到原来那一端的情形。随着时间的推移，课程改革规律性地在两者间不断地此消彼长、彼消此长地摆动。导致课程改革的这种周期性现象或者说钟摆性现象的原因有很多，其中很重要的一个方面的原因是在目前的情况下，人们很难使影响课程的各种因素固定下来，而且使课程刚好位于纯粹数学意义上的中点，所以只好不断地使课程在两端来回摆动，形成了课程改革的周期性。

需要说明的是，虽然课程改革具有周期性，但并不意味着课程改革的摆动只是"原地踏步"。尽管每一次课程改革都摆回到原来的那一端，但所摆回的并不是同一个固定不变的端点，而是不断生成的新端点。

三、课程改革的影响因素

从表面上来看，课程改革是对课程现状进行的调整活动，但事实上这种调整往往是由诸如社会体制的变化、科学知识的增长、学生的发展和课程研究进展等多种因素共同影响和推动的结果。

1）社会体制的变化。课程作为一个开放的系统，需要不断地与社会的其他系统相互交换信息与能量，从而使自身得以发展和改善。这其中尤以社会政治体制的变化对课程改革的影响更为深刻、更加直接。社会政治体制的任何变化都有可能会导致课程改革，使课程的目标、结构、功能、内容等发生新的变化。只不过，这些变化中有些表现得明显一些，有些表现得细微一些。可以说，任何国家、任何时候的课程及其改革都不可能脱离社会政治体制变迁、社会政治气候和社会政治集团的影响、控制。

2）科学知识的增长。随着社会的进步，科学知识也在不断地快速增长。科学知识的增长也会对课程改革产生重要影响。尤其是 20 世纪中叶以来，随着科学知识的激增，对课程也带来了前所未有的挑战：一方面改变了人们对课程内容的定位，强调把课程的重点放在如何查找和使用知识，而不是像过去那样单纯地去记住这些知识；另一方面还要求不断地改变课程的结构形式，以实现既保证课程内容的基础性，又保证课程内容的广博性、前沿性。面对这些挑战，也只有通过课程改革，改变课程才能加以应对。

3）学生的发展。促进学生发展既是课程的重要效能之一，也是影响课程改革的重要因素之一。虽然从总体上来说，学生的身心发展具有稳定性，但这种稳定性是相对的，而非绝对的。这也就意味着学生是不断发展的个体。特别是在当前多种信息媒介共同的作用下，学生的身心发展在许多方面呈现出明显的不同。这些也都要求必须进行课程改革，以更加切实有效地引领和促进学生的发展。

4）课程研究的新进展。课程研究的新进展一方面会对课程实践中遇到的问题提出更为切实有效的解决方案，另一方面也会产生新的课程理论。这两个方面都会带动、推进课程改革。从前者来看，面对课程实践中涌现出来的问题，既需要通过课程研究来进行具体的解答，也需要把这些解答付诸实践。因此，课程实践中遇到的问题其实就是课程改革的契机，而付诸实践则是课程改革的落实。从后者来看，由于任何课程活动都离不开课程理论的指导，所以课程改革也不例外。如果没有科学的理论指导，课程改革就会迷失方向，难以取得预期成效。

需要说明的是，尽管导致课程改革的因素从总体上来看主要有这四个带有普遍性的方面，但也不排除有些时候一些偶然的事件、原因也会引起各种不同规模、不同程度的课程改革。

第二节　课程改革的追求

虽然不同国家、不同时期进行课程改革的背景性动因各不相同，但也仍然存在某些共性的东西，即通过课程改革来实现某种理念追求。正是为实现这些理念追求，世界范围内的课程改革才此起彼伏，蔚然壮观。概略来说，课程改革的理念追求主要表现为提供优质课程和改善师生生活两个方面。

一、提供优质课程

所谓优质课程[①]，是通过对原有课程的内容、结构、形式等的改造，为受教育者提供更适合其身心发展和更符合当代社会发展需要的课程。因此，优质课程是相对于旧课程而言的，具有相对性。随着社会的政治经济文化、个体身心发展状态等方面的变化以及课程理论研究的深入，由课程改革而提供的曾经优质的课程将会不断地被通过课程改革提供更加优质的、更适合个体身心发展和社会发展需要的新的优质课程所取代。

尽管优质课程各有其不同的表现，但作为优质课程而言仍具有诸如基础性、发展性、现实性和融合性等一些共同内核。

1. 基础性

优质课程的基础性可从学校的基本任务和课程包含的内容两个方面来分析。从学校的基本任务来看，虽然各级各类学校由于培养目标有别而各有不同的性质与任务，但却都强调为高一级学校输送合格人才和为社会培养合格劳动者。"合格"是判断各级各类学校所培养人才的基本准则。所谓"合格"，就是培养的对象具有一定的基本素养，达到或满足基本的要求。这既直接关系到向高一级学校输送合格人才的质量，也直接关系到向社会输送合格劳动者的质量。通过课程改革提供优质课程以更好地持续关注培养对象的基本素养，为他们进入高一级学校和走向社会打下坚实的基础。从课程包含的内容来看，通过课程改革对课程内容进行调整，不但可以提供优质课程，而且也能更好地满足受教育者身心健康发展和社会发展的需要，促使受教育者在各个方面都获得充分而全面的发展，并为其后来的发展打下坚实的基础。

2. 发展性

优质课程对发展性的高度关注主要表现在以下三个方面：首先是一般性发展，即通过优质课程促使受教育者在德、智、体等各个方面都得到发展，不断地使他们由"现有水平"迈向"最近发展区"。更重要的是，优质课程的发展性

---

① 国外有研究者将此种情形命名为"高品质的课程"。Allan A.Glatthorn. 校长的课程领导 . 单文经，等，译 . 上海：华东师范大学出版社，2003：11-12.

还有着更为丰富的内涵，进一步表现为促使个体的可持续发展和转移式发展。这也是优质课程发展性的另外两个方面。所谓可持续发展，是指优质课程不仅能满足个体当下的发展需要，而且还为其今后的发展需要打下基础，即优质课程中的发展不仅关注学生现实的发展状况，而且还关注其未来的发展可能，是一种建立在现实发展基础上的对未来发展的关照；所谓转移式发展，即优质课程能够关注到不同个体间的发展差异，满足不同个体的发展需要，并使其潜能和所能都能得到最大限度的发展。

3. 现实性

优质课程的现实性可以从现实生活和师生现实两个方面来把握。从现实生活方面来看，优质课程必须关注其与现实社会生活的关系，通过与现实社会生活的紧密关联增强个体的感性认识、获得直接经验，进而促进其身心发展和动作技能的提升。从师生现实方面来看，教师和学生作为整个课程实践活动中至关重要的两类主体，其现实性自然也是课程改革必须给予关注的内容。这也就意味着优质课程必须既关注教师的现实，也必须关注学生的现实。

4. 融合性

虽然课程可以从内容、结构、形式等不同视角来进行考察，但这并不意味着仅考虑其中的某些方面，而有意无意地忽略另外的方面。优质课程还表现在课程内容、结构和形式等各个方面之间及各个方面内部相互融合，共生益彰之效。从各个方面内部来看，优质课程的内容不仅关注自然科学领域，而且也关注社会科学领域和人文科学领域；优质课程的结构既关注学科课程，也关注活动课程、综合实践课程；既关注国家课程，还要关注地方课程、校本课程；既关注显性课程，也关注隐性课程；优质课程的形式既是静态文本化与动态生成的统一体，也是单一形态与综合形态的统一体。从各个方面之间来看，优质课程还要求课程内容、课程结构与课程形式之间相互融合。这也即一定的课程内容与其结构和形式相互一致，或者一定的课程结构与其内容和形式相互一致，或者一定的课程形式与其内容和结构相互一致。

二、改善师生生活

从表面上来看，课程改革是对课程现状的改变，但事实上，课程改革的背后还隐藏着对生活质量的关注，希望通过课程改革来改善师生的生活方式，提升其生活质量。

课程改革主要通过以下三个方面来实现其对师生生活质量改善的关注：

1. 提供更加科学合理的课程

课程改革往往涉及课程观念、课程内容、课程结构等一系列方面的调整。这些调整可以为受教育者提供更为有效的获取人类所创造的物质文明与精神文明的本领，提供更加科学合理的发展可能与发展空间，并为其今后的发展奠定坚实的基础。因此，课程改革不但关注人们的生活质量，而且能够切实地改善他们的生活质量。

2. 提供直接关注生活现实与质量的课程

尽管在课程实践中曾经出现过过分关注知识的内在逻辑体系而忽视其与社会生活密切相关的情形，但事实上完全与生活现实相脱离的课程是根本不存在的。虽然这些课程过于强调知识的内在逻辑体系，但也离不开生活现实的支撑。也正因如此，人们在课程改革通过多种形式推动课程与社会生活的"亲密接触"：一方面把现实社会生活中存在的一些现象等吸纳到课程中来，如上海"二期课改"中学语文里编排的"爱情"单元；北师大版小学数学中出现的"整理房间"等；另一方面一些课程则直接放到社会生活、日常实践中去实施，如我国新基础教育课程改革中提出的研究性学习、社区服务与社会实践等综合实践活动课程的一些基本形式之间虽然存在一定差异，但在强调与社会生活"零距离"方面却高度一致。这些与社会生活密切相关的课程无疑为人们生活质量的改善提供了坚实的基础。

3. 改变师生原有的生活方式

生活方式既影响生活质量，也反映生活质量。所以，要想改善师生生活，提高其生活质量，还必须从生活方式入手。也正因如此，课程改革还非常重视对师生生活方式的改变，并通过对双方的教学方式与学习方式的改革来改善他们各自的生活质量。"课程的变革，从某种意义上说，不仅仅是变革教学内容和方法，而且也是变革人"[①]。因此，课程改革不仅仅是课程自身的改革，而且还会改变课程活动中的人，改变他们的生活方式，改善其生活质量。

---

① 施良方.课程理论：课程的基础、原理与问题.北京：教育科学出版社，1996：135.

第三节　课程改革的保障

课程改革还需要借助于各种保障手段或条件来予以落实。否则，课程改革的追求再完美，也只能是空中楼阁。

一、恰当选择课程改革已有模式

课程改革实践中涌现出了多种各具特色的课程改革模式。这些课程改革模式既各有自己的理论基础和研究假设，也各有自己的优点与不足。在进行课程改革时还必须注意到各种课程改革模式的适切性，恰当地选择乃至创造更具特色的课程改革模式。

1. "研究、开发与传播"（RD&D）模式

"研究、开发与传播（research，development and dissemination model）"模式是从改革的发动者和新改革计划的开发者的角度而言的课程改革模式。理性主义和权威主义是这一模式的两大理论基础。从理性主义的角度来看，课程改革是一个理性活动的过程，从确定问题开始，通过形成和完善新的改革方案，最终指向预定目标的达成。同时，由于人是理性的动物，所以一个符合理性的改革方案总会受到多数人的欢迎。从权威主义的角度来看，为保证课程改革这一长时间、大规模的活动能够顺利地进行，往往需要借助于一定的行政力量来协调和确定课程改革中各个方面的关系，共同完成改革任务。

"研究、开发与传播"模式的优势主要表现在三个方面：一是把课程改革当作一项研究工作，既重视运用已有的研究成果，又重视在改革中进行研究，把课程改革建立在科学研究的基础上；二是对具体的改革步骤做出了明确的划分，有较强的可操作性；三是课程专家在课程改革中起着重要的推动作用，既能保证课程质量，也为行政权威提供了前提和基础。但由于这一模式把课程改革当作类似于工业生产过程的技术化、线性发展的过程，依靠专家和权威的结合，使得课程改革带有明显的线性、机械化色彩，忽视了教育情境的复杂性、教师的主动性、积极性等方面的因素与力量。

2. "社会互动"（SI）模式

"社会互动"模式（social interaction model）以社会合作主义和现代人际理

论为理论基础，强调人与人之间的沟通与合作的课程改革模式。这一模式认为在教育体系这一由各种社会关系组成的复杂网络中，一些机构和个人居于网络传播的中心，而另一些则处于网络传播的边缘。由于传播课程信息的人对课程改革，对新的课程信息持有不同的观点或有不同的侧重和倾向，会影响到课程信息的传播。所以，课程改革的进行既取决于每一个"卷入者"，也取决于他们的相对位置。由于在课程改革的进程中，非正式的接触往往发挥着重要的作用，所以课程改革的传播呈 S 形，先有一段缓慢的传播期，接着是快速的传播，再后来又慢下来。

社会互动模式将课程改革过程的重心下移，主张课程改革应由具体教育情境中课程的使用者共同参与，既调动了教师的积极性，也使课程改革与学校发生直接关联，但"由于缺乏强有力的政治、经济等因素的推动，从而使改革的速度一般较缓慢。此外，它没有像重视情意那样重视理性，这往往会影响改革的科学性"[①]。

3. 兰德模式

兰德模式（Rand model）是由美国兰德社团对联邦政府在 20 世纪 70 年代资助的 4 项主要课程计划的评价过程中形成的课程改革模式。研究人员在进行了长达 4 年的调查、研究后认为学校的组织动因是影响学校层面上课程改革的主要障碍。据此，兰德模式特别强调了对改革过程各阶段中组织变量的充分关注，无论它们是支持性的还是抵制性的，都要引起充分的重视，以减少改革实施的可能障碍。

兰德模式准确地看到了成功的课程实施离不开组织机构的参与和推动，认为成功的课程改革需要特别注意组织机构这一动因。但过分强调校长作为课程改革的更为具体的动因，而忽略了其他人员的作用，有失偏颇。

二、合理借鉴世界课程改革趋势

目前世界上很多国家都在积极地推动课程改革。尽管这些国家各自课程改革的着力点有所不同，但也呈现出某些共同的趋势。这些趋势同样为我国课程改革提供了必要有益的借鉴，有助于明确课程改革的方向，框定课程改革的蓝图，间接地为我国课程改革提供保障。

---

① 蒋士会．课程变革导论．上海：华东师范大学，1998：40.

概略来说，世界各国课程改革发展的趋势主要有以下四个方面：

1. 强调课程的人性化

作为近年来世界各国课程发展的共同趋势之一，强调课程改革应通过精简课程、减少教学时数、改变教学形态等方式，有效协助学生"实现自我"，同时还要考虑课程的情趣化，以激发学生的强烈的学习动机，进而达到有效学习的目的。实践表明：课程呈现方式并非一定要刻板、单一、乏味才能收到好的效果。事实上，课程呈现若能做到生动、活泼、有趣，通过"寓教于乐"更有利于学习的顺利进行。否则，尽管设计的课程很有实用价值，但由于过于生涩艰深，无法激发起学生的学习动机，也难实现课程的预期目标。因此，日本、韩国等国家都把"快乐的学校""欢欣的教室""宽裕的课程"作为其教育改革的前提。美国所提倡的所谓"个别处方学习"，则是强调依据学生个体的起点差异，设计不同的课程教学内容，让学生按自己的实际进行个别化的学习，之后，通过对学生进行个别诊断，再根据实际情况实施补救性质的教学活动，这种形式反复进行，最终达成学生有效学习的目标。

因此，重视学生个体需要的满足，提倡人文化的陶冶，处处设身处地为学生着想，让学生在最合理的环境下学习，是当今各国强调课程人性化的具体表现。

2. 力求课程的生活化

课程内容应结合学生实际生活的需要是近年来世界课程改革的另一共同趋势。为了更好地应对当前快速发展的社会，人们对课程提出了更高的要求：在学校里除了要掌握基本知识外，还要能够学以致用，能够将知识转化为解决各种生活挑战及工作所需的能力。英国哲学家怀特海精辟地指出，教育的任务不是把死知识或"无活力的知识"灌输到儿童的脑子中去，而是使知识保持活力和防止知识的僵化，使儿童通过树木而见森林。所以，面对浩瀚的信息海洋，重要的不再是知道多少信息，而是能否收集、分析、判断、整合和运用信息的能力；不再是有多少数学、科学的知识，而是能否运用这些知识来解决实际生活和工作中所面临的困难。

课程的生活化趋势要求课程应着重考虑提高学生对周边社会及生活环境的认识，应重视生计教育、环境教育、劳动教育、信息教育等一些与个体生活密切相关的知识，增强他们适应环境的能力，而不应只是通过机械记忆来死记硬背一些杂乱无章的对实际生活毫无助益的零碎知识。所以，强调学习内容应着重培养学生日常生活中所必须具备的基本能力和正确的生活态度，成为课程生活化的主旨。

当然，力求课程的生活化是想通过课程与生活的亲密接触，实现对生活的重构，并不意味着要让课程简单地回归生活，其着眼点不是回归而是重构。

3. 注重课程的整合化

课程的整合化是当今世界各主要国家课程改革的又一共同趋势。这一趋势要求把本来零散的课程内容通过课程结构等方面的变革形成相互联系的整体，以更有效地促进受教育者的发展，实现课程的效能。

概略来说，课程的整合化的实现主要表现在以下三个方面：一是纵向整合，每一学段的课程（小学、初中、高中）或每一年级的课程在纵向层面相互融合，避免不必要的重复或衔接上的缺失；二是横向整合，同一学段或同一年级各科课程内容在横向层面相互融合，使课程的架构周延完整，内容难易多寡相称合理，有助于学生的整体学习；三是文理整合，随着文理科相互渗透日益深入，边缘学科的产生和发展，还必须强调自然科学与人文社会科学的整合，注重通才教育，使学生具备文理科知识学习的基本能力。

另外，课程的整合化还可以从课程类别上进行，把显性课程与隐性课程、学科课程与活动课程、必修课程与选修课程等两两整合起来，共同作用于受教育者的发展，实现课程的效能。

4. 管理课程的弹性化

管理课程的弹性化是针对以往课程管理中存在的过于单一化与僵硬化的局限而呈现出的又一世界课程改革的共同趋势。从目前来看，世界范围内很多国家的课程管理，特别是一些集权型课程管理制度国家的课程管理已经由过去的刚性方式走向弹性方式，在赋予课程中相关人员更大自由的同时也为课程及其实施留下更大的自由空间，有利于调动相关人员的积极性，提高课程管理的效益。

管理课程的弹性化主要体现在三个大的方面：一是校本课程的出现既是管理课程弹性化的重要表征之一，也对课程结构进行了根本性的改变。校本课程的出现不但改变了过去国家课程或地方课程一统天下的局面，而且也改变了学校及教师在课程中的地位。他们不再像过去那样被动地执行国家课程或者地方课程，而是可以主动地结合学校及自身优势进行课程开发。二是鉴于课程环境对课程的实施及其效能的重要影响，欧美一些国家和地区也对课程环境进行了较大的调整，出现了所谓"变通学校""开放学校""自由学校"和"教育公园"等具有弹性的课程实施环境。三是灵活实施课程，允许教师和学生根据实际情况对教学的进程、材料的使用等方面进行必要的调整。日本开设的"空白课程"就是供教师和学生进行灵活调整的代表。

三、科学遵循课程改革基本程式

从某种层面上来说，课程改革实际上也可以看作是课程设计，同样有其应该遵循的基本程式。根据世界范围内的课程改革实践可以看出，课程改革的基本程式主要有以下四个方面。

1. 确定课程改革目标

确定课程改革目标意味着在课程改革之前首先必须明确什么原因促成了此次课程改革，课程改革想要达到什么目标，收到什么效果。由于课程改革目标指引着课程改革的航向，所以是任何课程改革活动都必须首先予以考虑的内容。

尽管明确课程改革目标是所有课程改革首先需要考虑的问题，但不同的课程改革所确定的课程改革目标并不尽一致。需要说明的是，虽然不同课程改革所确定的具体目标不尽一致，但从总体上来说仍然以提供优质课程，促进课程效能的实现为基本旨趣。

2. 选择课程改革进路

概略来说，自上而下和自下而上是课程改革的两条基本进路。前者往往是先由国家或地方的最高课程管理部门提出课程改革的具体方案，然后由全国或地方范围内的学校具体施行。这种课程改革进路由于采用的是自上而下的以行政命令的方式来执行课程改革方案，因而课程改革的要求往往能够顺利执行，而且执行的效率较高，适合于较为系统的、涉及全局的课程改革，但也存在容易忽视地方或学校的实际情况和利益诉求，忽略学校及教师在课程改革中的积极性等弊端。

后者与前者截然相反，先由基层的学校及其教师根据学校的实际情况提出较为切合实际的课程改革方案，在送交最高课程管理部门进行备案、评估完善后推荐其他学校采用。这种课程改革进路注意到了学校及教师的重要作用，有效地调动学校及教师参与课程改革的积极性，所提出的课程改革方案较为切实可行，但也存在课程改革的周期性较长，课程方案执行的效率不高，所提出的课程改革方案不具有普遍性，只能适合于部分地区或者部分学校等局限。

鉴于两条课程改革的基本进路各自优缺点之间的互补性，可以把两者融合起来，形成课程改革的"第三条道路"：一方面充分发挥学校及教师的作用，调动他们的积极性，勇于提出相对完善的课程方案，突出课程方案的可行性；另一方面最高的课程管理部门组织相关人员，如课程专家、实际工作者组成课程改革领导小组，在对不同学校提交的课程方案进行审查、整合的基础上，最后形成一套较为科学、合理的课程方案，然后在所管辖区域内的学校统一组织实施。

3. 进行课程改革试验

为了作好课程改革，往往还需要在一些地方或学校里就新的课程方案先进行试验，并在此基础上修订完善，然后在更广泛的区域或学校里推行。

在进行课程改革试验时要注意以下三个方面的要求：一是课程方案科学，所要试验的课程方案自身是科学的、可行的，否则，不但收不到预期的试验效果，反而会产生其他一些负面效应，影响课程改革的推进；二是选择合适的试验点，既要考虑试验点的广泛性，不能只在同类学校中或同一区域内进行选择，又要考虑试验点的代表性，所选择出来的点要能够代表将要进行课程改革地方的实际；三是试验离不开指导，一些地区或学校进行课程改革试验虽然离不开该地区或学校的大力支持，但也离不开课程改革试验方案设计者的大力指导。

4. 根据课程评价调整

由于课程评价普遍存在于所有的课程活动中，而课程改革作为课程活动之一，自然也离不开课程评价。而且由于课程改革事关课程基本追求的实现，其对课程评价的要求更高，既需要通过课程评价来检测课程改革目标是否得到落实，也需要通过课程评价来对课程改革方案进行调、完善。

四、充分凝聚社会相关人员智慧

尽管课程改革具有专门性，是专门针对课程进行改革，但这并不意味着课程改革只是课程内部人员的责任。由于课程改革与社会息息相关，所以既需要在课程改革中把课程自身的需求和社会的需求有机地结合起来，也需要让更多的社会人员参与到课程改革中来，把课程改革与社会智慧有机地结合起来。

事实上，一些社会相关人员也非常乐于参与课程改革活动。而且，他们参与课程改革往往还有着巨大的价值空间。

概略起来，社会相关人员的参与对于课程改革有以下四个方面的价值：

1. 提高课程质量

让社会相关人员参与到课程特别是课程改革中来实际上也就是扩大了课程改革的参与主体，让拥有不同学科视野和学术立场的其他领域的人员参与到课程改革中来，从不同的角度来审视课程及其改革，将有助于对课程及其改革的思考更加全面、更加完善，从而进一步提高课程质量。

2. 完善课程决策

课程改革从某种层面上来说，就是对课程进行的决策。在此过程中，有两个需要考虑的关键问题：一是怎样来做决策？二是所做决策的质量如何？而这两个问题都与决策者有关，取决于其决策素质。所以，扩大课程改革参与主体可以使课程决策的过程更加科学，有助于课程决策的完善。扩大课程参与主体实际上也就是扩大了课程决策主体，有助于完善课程决策，提高课程决策质量。

3. 营造良好氛围

让一些社会相关人员参与到课程改革中来，不但有利于课程质量的提高，而且也还可以为课程及其改革营造良好的氛围。尽管目前对于课程的批评中有很多都可谓切中要害，但也有不少批评本身是成问题的：有些因陷入"过度完美"的追求之中，对课程中的个别细节方面抓住不放，并借助于现代媒体不断放大；也有些则很随意地从课程中截取一个方面进行断章取义式的推断，并据此而大肆口诛笔伐；更有些因缺乏必要的课程素养而对课程做出一些让人忍俊不禁或哭笑不得的指责。尽管这些现象只是极少一部分，并不是主流，但如果长期听之任之，任其发展下去，极有可能会影响到一些同样缺乏课程素养的人对于课程的判断，进而影响到课程实践，阻碍课程改革的推进。

4. 推进课程民主

扩大课程参与主体，让更多的人有机会参与到课程活动中来还可以推进课程民主，允许不同观点、多种声音相互进行争鸣、交流，有助于达成共识，形成合力。一方面，扩大课程参与主体本身就是课程民主的表现，并在一定程度上能够体现和反映课程民主。如果没有课程民主，自然也就不会允许甚至鼓励人们参与到课程活动中来，为课程发展做贡献了。另一方面，扩大课程参与主体除了可以让更多的人参与到课程改革中来，把课程民主落到实处外，还可以在此过程中进一步总结经验，把课程民主做得更好，切实深化课程民主，推进课程民主。

根据《国务院关于基础教育改革与发展的决定》和《基础教育课程改革纲要（试行）》构建符合素质教育要求的新的基础教育课程体系的要求，设置义务教育阶段的课程。课程设置应体现义务教育的基本性质，遵循学生身心发展规律，适应社会进步、经济发展和科学技术发展的要求，为学生的持续、全面发展奠定基础。

一、培养目标

全面贯彻党的教育方针，体现时代要求，使学生具有爱国主义、集体主义精神，热爱社会主义，继承和发扬中华民族的优秀传统和革命传统；具有社会主义民主法制意识，遵守国家法律和社会公德；逐步形成正确的世界观、人生观、价值观；具有社会责任感，努力为人民服务；具有初步的创新精神、实践能力、科学和人文素养以及环境意识；具有适应终身学习的基础知识、基本技能和方法；具有健壮的体魄和良好的心理素质，养成健康的审美情趣和生活方式，成为有理想、有道德、有文化、有纪律的一代新人。

二、课程设置的原则

1.均衡设置课程

根据德智体美等方面全面发展的要求，均衡设置课程，各门课程比例适当，并可按照地方、学校实际和学生的不同需求进行适度调整，保证学生和谐、全面发展；依据学生身心发展的规律和学科知识的内在逻辑，义务教育阶段九年一贯整体设置课程；根据不同年龄段儿童成长的需要和认知规律，根据时代发展和社会发展对人才的要求，课程门类由低年级到高年级逐渐增加。

2. 加强课程的综合性

注重学生经验，加强学科渗透。各门课程都应重视学科知识、社会生活和学生经验的整合，改变课程过于强调学科本位的现象。

设置综合课程。一至二年级设品德与生活课，三至六年级设品德与社会课，旨在适应儿童生活范围逐步从家庭扩展到学校、社会，经验不断丰富以及社会性逐步发展；三至九年级设科学课，旨在从生活经验出发，让学生体验探究过程，学习科学方法，形成科学精神；一至九年级设艺术课，旨在丰富学生的艺术经验，发展感受美、创造美、鉴赏美德能力，提高审美情趣。

增设综合实践活动，内容主要包括：信息技术教育、研究性学习、社区服务与社会实践以及劳动与技术教育等。使学生通过亲身实践，发展收集与处理信息的能力、综合运用知识解决问题的能力以及交流与合作的能力，增强社会责任感，并逐步形成创新精神与实践能力。

3. 加强课程的选择性

国家通过设置供选择的分科或综合课程，提供各门课程课时的弹性比例和地方、学校自主开发或选用课程的空间，增强课程对地方、学校、学生的适应性，鼓励各地发挥创造性，办出有特色的学校。

在达到九年义务教育基本要求的前提下，农村普通中学试行"绿色证书"教育，形成有农村特点的学校课程结构。城市普通中学也要逐步开设职业技术课程。

三、课程设置

表一 义务教育课程设置

	年 级								
	一	二	三	四	五	六	七	八	九
课程门类	品德与生活		品德与社会				思想品德 历史与社会（或选择历史、地理）	思想品德	思想品德
			科学				科学（或选择生物、物理、化学）		
	语文	语文	语文	语文	语文	语文	语文	语文	语文
	数学	数学	数学	数学	数学	数学	数学	数学	数学
			外语	外语	外语	外语	外语	外语	外语
	体育	体育	体育	体育	体育	体育	体育与健康	体育与健康	体育与健康
	艺术（或选择音乐、美术）								
	综合实践活动								
	地方与学校课程								

表二　义务教育课程设置及比例

课程门类	一	二	三	四	五	六	七	八	九	九年课时总计（比例）
						年　级				
	品德与生活	品德与生活	品德与社会	品德与社会	品德与社会	品德与社会	思想品德	思想品德	思想品德	7%~9%
							历史与社会（或选择历史、地理）			3%~4%
			科学	科学	科学	科学	科　学（或选择生物、物理、化学）			7%~9%
	语文	语文	语文	语文	语文	语文	语文	语文	语文	20%~22%
	数学	数学	数学	数学	数学	数学	数学	数学	数学	13%~15%
			外语	外语	外语	外语	外语	外语	外语	6%~8%
	体育	体育	体育	体育	体育	体育	体育与健康	体育与健康	体育与健康	10%~11%
	艺术（或选择音乐、美术）									9%~11%
	综合实践活动									16%~20%
	地方与学校课程									
周总课时数（节）	26	26	30	30	30	30	34	34	34	274
学年总课时（节）	910	910	1050	1050	1050	1050	1190	1190	1122	9522

注：1. 表格内为各门课的周课时数，九年总课时按每学年 35 周上课时间计算。
　　2. 综合实践活动主要包括：信息技术教育、研究性学习、社区服务与社会实践以及劳动与技术教育。

四、义务教育课程设置的有关说明

1）表一为义务教育阶段一至九年级的课程设置，表二为义务教育阶段各年级周课时数、学年总课时数、九年总课时数和各门课程课时比例，每门课程的课时比例有一定弹性幅度。地方与学校课程的课时和综合实践活动的课时共占总课时的 16% ～ 20%。

省级教育行政部门可根据本省（自治区、直辖市）不同地区社会、经济、文化发展的实际情况，制定不同的课程计划；学年课时总数和周课时数应控制在国家所规定的范围内；根据教育部关于地方课程、学校课程管理与开发的指导意见，提出本省（自治区、直辖市）地方课程、学校课程管理与开发的具体要求，报教育部备案。

民族学校、复式教学点、简易小学等学校的课程设置，由省级教育行政部门自主决定。

2）每学年上课时间 35 周。学校机动时间 2 周，由学校视具体情况自行安排，如学校传统活动、文化节、运动会、远足等。复习考试时间 2 周（初中最后一年的第二学期毕业复习考试增加 2 周）。寒暑假、国家法定节假日共 13 周。

3）晨会、班队会、科技文体活动等，由学校自主安排。

4）综合实践活动是国家规定的必修课，其具体内容由地方和学校根据教育部的有关要求自主开发或选用。综合实践活动的课时可与地方、学校自主使用的课时结合在一起使用，可以分散安排，也可以集中安排。为培养学生的创新精神和实践能力，各门课程普遍增加了实践活动，学校在做学年教学安排时，应根据活动的性质和内容，统筹合理安排。

5）初中阶段的学校在选择分科与综合相结合的课程时，若选择科学、历史、地理，可相应减少自然、地理的内容；若选择历史与社会、生物、物理、化学，则应参照相关课程标准安排自然、地理的内容。

6）各门课程均应结合本学科特点，有机地进行思想道德教育。环境、健康、国防、安全等教育应渗透在相应课程中进行。

7）一至六年级设体育课，七至九年级设体育与健康课，均应贯彻"健康第一"的原则。七至九年级体育与健康课程标准中要求的健康知识，应在学生进行相关体育活动时，使学生了解，但不得组织笔试。

8）小学开设英语课程的起始年级一般为三年级。各省级教育行政部门可结合实际，确定本地区小学开设英语课程的工作目标和步骤。

初中阶段开设外语课程的语种，可在英语、日语、俄语等语种中任选一种。外国语学校或其他有条件的学校可开设第二外语。民族地区的中小学校，外语课程的设置由省级教育行政部门决定。

参 考 文 献

一、外文著译

伯特兰·罗素.1999.教育与美好生活.杨汉麟,译.石家庄：河北人民出版社.

丹尼尔·坦纳,劳雷尔·坦纳.2006.学校课程史.崔允漷,等,译.北京：教育科学出版社.

菲利普·泰勒.1989.课程研究导论.王伟廉,等,译.北京：春秋出版社.

弗朗索瓦-玛丽·热拉尔,[比]易克萨维耶·罗日叶.2009.为了学习的教科书：编写、评估、
　　使用.汪凌,周振平,译.上海：华东师范大学出版社.

江山野.1991.简明国际教育百科全书·课程.北京：教育科学出版社.

联合国教科文组织国际教育发展委员会.1996.学会生存：教育世界的今天和明天.华东师范
　　大学比较教育研究所,译.北京：教育科学出版社.

联合国教科文组织国际教育局.2015.课程改革：为动态的教育体系寻找创新模式.华东师范
　　大学,译.上海：华东师范大学出版社.

卢梭.1978.爱弥尔（上卷）.李平沤,译.北京：商务印书馆.

马克斯·范梅南.2001.教学机智—教育智慧的意蕴.李树英,译.北京：教育科学出版社.

麦克·富兰.2000.变革的力量：透视教育改革.中央教育科学研究所,加拿大多伦多国际学院,
　　译.北京：教育科学出版社.

内尔·诺丁斯.2015.批判性课程：学校应该教授哪些知识.李树培,译.北京：教育科学出版社.

泰勒.1994.课程与教学的基本原理.施良方,译.北京：人民教育出版社.

威廉 F.派纳.2008.课程：走向新的身份.陈时见,潘康明,等,译.北京：教育科学出版社.

威廉 M.雷诺兹,等.2008.课程理论新突破：课程研究航线的解构与重构.张文军,译.杭州：
　　浙江教育出版社.

维娜·艾莉.1998.知识的进化.刘民慧,等,译.珠海：珠海出版社.

小威廉姆 E.多尔,[澳]诺尔·高夫.2004.课程愿景.张文军,等,译.北京:教育科学出版社.

小威廉姆 E.多尔.2000.后现代课程观.王红宇,译.北京：教育科学出版社.

约翰·杜威.1990.民主主义与教育.王承绪,译.北京:人民教育出版社.

约翰·杜威.2001.民主主义与教育.王承绪,译.北京:人民教育出版社.

约翰·杜威.1991.我们怎样思维·经验与教育.姜文闵,译.北京:人民教育出版社.

张焕庭.1964.西方资产阶级教育论著选.北京:人民教育出版社.

郑燕祥.2002.学校效能与校本管理:一种发展的机制.陈国萍,译.上海:上海教育出版社.

Allan A. Glatthorn. 2003. 校长的课程领导.单文经,等,译.上海:华东师范大学出版社.

John McNeil. 2007. 课程导论(第六版).谢登斌,陈振中,译.北京:中国轻工业出版社.

P.W.Jackon. 1992. Handbook of Research on Curriculum. NewYork: MacMillan Pubshing Company,.

W. A. 拉伊.1996.实验教育学.沈剑平,瞿葆奎,译.北京:人民教育出版社.

二、中文著作

白月桥.1996.课程变革概论.石家庄:河北教育出版社.

常思亮.2010.大学课程决策论.长沙:湖南大学出版社.

陈侠.1989.课程论.北京:人民教育出版社.

陈玉琨,等.2001.课程改革与课程评价.北京:教育科学出版社.

邓艳红.2007.课程与教学论.北京:首都师范大学出版社.

郝德永.2000.课程研制方法论.北京:教育科学出版社.

黄甫全.1996.阶梯型课程引论:关于中小学课程难度的研究.贵阳:贵州人民出版社.

黄甫全.2003.课程与教学论.北京:高等教育出版社.

靳玉乐.2012.课程论.北京:人民教育出版社.

靳玉乐.1996.潜在课程论.南昌:江西教育出版社.

靳玉乐.1995.现代课程论.重庆:西南师范大学出版社.

李臣.1998.活动课程研究.北京:教育科学出版社.

李森,陈晓端.2015.课程与教学论.北京:北京师范大学出版社.

李雁冰.2002.课程评价论.上海:上海教育出版社.

李允.2015.课程与教学论.北京:北京大学出版社.

廖辉.2011.学校课程制度论.北京:人民出版社.

廖哲勋,田慧生.2003.课程新论.北京:教育科学出版社.

廖哲勋.课程学.1991.武汉:华中师范大学出版社.

刘志军.2004.走向发展性课程评价.北京:中国社会科学出版社.

瞿葆奎.1988.教育学文集·课程与教材(上册).北京:人民教育出版社.

任长松.2002.走向新课程.广州:广东教育出版社.

施良方 . 1996. 课程理论：课程的基础、原理与问题 . 北京：教育科学出版社 .

汪霞 . 2000. 课程改革与发展的比较研究 . 南京：江苏教育出版社 .

王天一，等 . 1993. 外国教育史（修订本）. 北京：北京师范大学出版社 .

吴康宁 . 1998. 教育社会学 . 北京：人民教育出版社 .

徐继存，等 . 2010. 课程与教学论 . 济南：山东人民出版社 .

闫守轩 . 2015. 课程与教学论：基础、原理与变革 . 北京：北京师范大学出版社 .

杨玉厚 . 1993. 中国课程变革研究 . 西安：陕西人民教育出版社 .

余文森，洪明，等 . 2007. 课程与教学论 . 福州：福建教育出版社 .

曾天山 . 1997. 教材论 . 南昌：江西教育出版社 .

中国教育科学研究院课程教学研究中心 . 2013. 中国基础教育课程改革十年：进程、经验、问题、挑战、对策 . 武汉：湖北教育出版社 .

中华人民共和国教育部 . 2001. 基础教育课程改革纳要（试行）（教基〔2001〕17号）.

钟启泉，崔允漷，张华 . 2001. 为了中华民族的伟大复兴 为了每位学生的发展：《基础教育课程改革纳要（试行）》解读 . 上海：华东师范大学出版社 .

钟启泉，张华 . 1999. 课程与教学论 . 广州：广东高等教育出版社 .

钟启泉 . 1989. 现代课程论 . 上海：上海教育出版社 .

朱慕菊 . 2002. 走进新课程：与课程实施者对话 . 北京：北京师范大学出版社 .

三、论文类

班华 . 1989. 隐蔽课程与个性品德形成 . 教育研究，（12）.

布鲁纳 . 1987. 教学论的定理 . 钟启泉，译 . 外国教育资料，（1）.

崔允漷 . 2001. 国家课程标准与框架的解读 . 全球教育展望，（8）.

代建军 . 2006. 课程制度创新 . 第五次全国课程学术会议交流论文 .

胡东芳 . 2001. 论课程政策的定义、本质与载体 . 教育理论与实践，（11）.

黄甫全 . 2000. 大课程论初探 . 课程·教材·教法，（5）.

黄忠敬 . 2002. 课程文化释义：一种分析框架 . 学术探索，（1）.

蒋士会 . 1998. 课程变革导论 . 博士学位论文打印稿，上海：华东师范大学 .

金致远 . 2004. 课程文化研究述评 . 中小学管理，（7）.

靳玉乐 . 1993. 潜在课程简论 . 课程·教材·教法，（6）.

裴娣娜 . 2002. 多元文化与基础教育课程文化建设的几点思考 . 教育发展研究，（4）.

任长松 . 2001. 关于课程标准的研究 . 山东教育科研，（5）.

唐晓杰 . 1988. 西方"隐蔽课程"研究的探析 . 华东师范大学学报（教育科学版），（2）.

汪霞，许晓晴 . 2001. 课程改革及其基本问题 . 课程研究，（4）.

汪霞.1999.课程研究若干理论问题的探讨.教育理论与实践,（8）.

王斌华.1999.学校自编课程.外国教育资料,（4）.

吴刚平.1999.校本课程开发活动的类型分析.教育发展研究,（11）.

许洁英.2005.国家课程、地方课程和校本课程的含义、目的及地位.教育研究,（8）.

姚伟,关永春.2004.儿童教育与儿童的生活质量.东北师范大学学报（哲学社会科学版）,
　　（2）.

郑金洲.校本：教育改革的新走向.中国教育报,2000-05-06（4）.

郑金洲.1989.隐蔽课程：一些理论上的思考.比较教育研究,（1）.